초판 발행일 | 2025년 2월 5일
지은이 | 해람북스 기획팀
펴낸이 | 최용섭
총편집인 | 이준우
기획진행 | 김미경
표지디자인 | 김영리

주소 | 서울시 용산구 한남대로 11길 12, 6층
문의전화 | 02-6337-5419
팩스 | 02-6337-5429
홈페이지 | https://class.edupartner.co.kr

발행처 | ㈜미래엔에듀파트너
출판등록번호 | 제2020-000101호

ISBN 979-11-6571-223-5 13000

이 책은 저작권법에 따라 보호받는 저작물이므로 무단전재와 무단복제를 금지하며, 이 책 내용의 전부 또는 일부를 이용하려면 반드시 저작권자와 ㈜미래엔에듀파트너의 서면동의를 받아야 합니다.

※ 잘못된 책은 바꾸어 드립니다.
※ 책 가격은 뒷면에 있습니다.

상담을 원하시거나 아이가 컴퓨터 수업에 참석할 수 없는 경우에 아래 연락처로 미리 연락주시기 바랍니다.

★ 컴퓨터 선생님 성함 : _____　　★ 내 자리 번호 : _____

★ 컴퓨터 교실 전화번호 : _____

★ 나의 컴교실 시간표　요일 : _____　　시간 : _____

※ 학생들이 컴퓨터실에 올 때는 컴퓨터 교재와 필기도구를 꼭 챙겨서 올 수 있도록 해 주시고, 인형, 딱지, 휴대폰 등은 컴퓨터 시간에 꺼내지 않도록 지도 바랍니다.

시간표 및 출석 확인란입니다. 꼭 확인하셔서 결석이나 지각이 없도록 협조 바랍니다.

_____ 월

월	화	수	목	금

시간표 및 출석 확인란입니다. 꼭 확인하셔서 결석이나 지각이 없도록 협조 바랍니다.

_____ 월

월	화	수	목	금

시간표 및 출석 확인란입니다. 꼭 확인하셔서 결석이나 지각이 없도록 협조 바랍니다.

_____ 월

월	화	수	목	금

나의 타자 단계

이름 : _____

⭐ 오타 수가 5개를 넘지 않는 친구는 선생님께 확인을 받은 후 다음 단계로 넘어가서 연습합니다.

자리 연습	1단계	2단계	3단계	4단계	5단계	6단계	7단계	8단계
보고하기								
안보고하기								

낱말 연습	1단계	2단계	3단계	4단계	5단계	6단계	7단계	8단계
보고하기								
안보고하기								

자리연습	1번 연습	2번 연습	3번 연습	4번 연습	5번 연습	6번 연습	7번 연습	8번 연습
10개 이상								
20개 이상								
30개 이상								

이 책의 순서

최고작품집

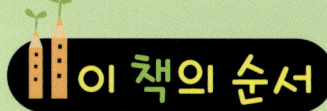

- **01** 나만의 팬시아트 만들기 ·········· 6
- **02** 크리스마스 카드 만들기 ·········· 11
- **03** 귀욤 포토 카드 만들기 ·········· 15
- **04** 포토 콜라주 만들기 ·········· 19
- **05** 공룡 마을 초대장 만들기 ·········· 24
- **06** 역대 애니메이션 흥행 순위 ·········· 29
- **07** 눈사람 스티커 만들기 ·········· 34
- **08** 할로윈 데이의 유래 ·········· 39
- **09** 초콜릿 선호도 조사 ·········· 44
- **10** 방과후 탈출 게임 ·········· 49
- **11** 작은 음악회 ·········· 55
- **12** 마인크래프트 인기 캐릭터는? ·········· 60
- **13** 그룹별 칭찬 도장 기록표 ·········· 65
- **14** 단체 주문 메뉴 확인서 ·········· 70
- **15** 매크로 그림판 만들기 ·········· 74
- **16** 산타 할아버지 선물 준비 현황 ·········· 80
- 솜씨 어때요? ·········· 85

01 나만의 팬시아트 만들기

학습목표
- 도형, 글상자, 그림을 이용하여 팬시아트를 만들어요.
- 팬시아트를 인쇄하여 책과 공책, 필기구에 붙여요.

▶ 예제 파일 : 01강 예제 폴더
▶ 완성 파일 : 01강 완성.hwpx

완성작품

 이 몸은 이진영님의 연필이오! 진영님께 데려다주겠소?

 난 연필인데…넌! 누구야! 진영님 어디 갔어! 빨리 데려와!

 진영님이 날 잃어버린 거야? 날 진영님께 데려다줘. 부탁해

 이 필통이 아니야! 난 진영님의 필통에 있어야 한다고!

 **메모지 스티커를 만들어 보아요.**

① [쪽] 탭-[편집 용지(📄)]를 클릭하여 [편집 용지] 대화상자가 나타나면 [용지 방향]을 '가로'로 선택하고 [용지 여백]에서 위쪽, 아래쪽, 왼쪽, 오른쪽 여백을 '10mm', 머리말, 꼬리말 여백을 '0mm'로 지정합니다.

② [입력] 탭-[직사각형(▭)]을 선택하여 도형을 그리고 [개체 속성]-[기본] 탭에서 너비 '145mm', 높이 '75mm'로 지정합니다.

③ [선] 탭에서 선 색, 종류, 굵기를 지정하고 [사각형 모서리 곡률]을 '둥근 모양'으로 지정합니다.

④ [채우기] 탭에서 [그림 선택(📁)]을 클릭하여 '배경01.jpg' 파일을 불러온 후 투명도를 '50%'로 지정합니다.

⑤ [입력] 탭-[그림(🖼)]을 클릭하여 '캐릭터01.png', '말풍선01.png' 파일을 삽입합니다.

⑥ [개체 속성]-[기본] 탭에서 '글자처럼 취급'에 체크 해제한 후 [글 앞으로(▥)]로 지정합니다.

⑦ [그림(🖼)] 탭-[자르기(✂)]를 클릭하여 그림을 자르고 크기와 위치를 조절합니다.

⑧ [입력] 탭-[가로 글상자(▤)]를 클릭하여 글상자를 삽입하고 "MEMO"를 입력한 후 [개체 속성]-[선] 탭에서 종류를 '없음'으로 지정하고 [채우기] 탭에서 '색 채우기 없음'을 지정합니다.

미션 2 이름표 스티커를 만들어 보아요.

- 글꼴 : HY견고딕
- 크기 : 25pt
- 속성 : 진하게

① [입력] 탭-[직사각형(□)] 도형을 삽입하고 [개체 속성]-[기본] 탭에서 너비를 '120mm', 높이를 '75mm'로 지정합니다.

② [선] 탭에서 원하는 선 색, 종류, 굵기를 지정하고 [사각형 모서리 곡률]을 '둥근 모양'으로 지정합니다.

③ [채우기] 탭에서 원하는 '면 색'과 '무늬 색'을 지정한 후 [무늬 모양]-[수평선]을 지정합니다.

④ [입력] 탭-[가로 글상자(▤)]를 클릭하여 글상자를 삽입하고 내용을 입력한 후 [개체 속성]-[선] 탭에서 종류를 '없음'으로, [채우기] 탭에서 '색 채우기 없음'으로 지정합니다.

⑤ [입력] 탭-[그림(▨)]을 클릭하여 '캐릭터 표정04.png', '아이콘01.png' 파일을 삽입한 후 [개체 속성]-[기본] 탭에서 '글자처럼 취급'에 체크 해제하고 [글 앞으로(▨)]로 지정합니다.

⑥ [그림(▨)] 탭-[자르기(▨)]를 클릭하여 그림을 자르고 크기와 위치를 조절합니다.

⑦ [편집] 탭-[개체 선택(▨)]을 클릭하고 마우스를 드래그하여 모든 개체를 선택한 후 [그룹(▨)]-[개체 묶기]를 클릭합니다.

TiP 개체 묶기한 도형의 서식을 변경하려면 개체를 선택한 후 [그룹]-[개체 풀기]를 클릭해야 해요.

 **연필띠 스티커를 만들어 보아요.**

이 몸은 **이진영님**의 연필이오! **진영님**께 데려다주겠소?

난 연필인데...넌! 누구야! **진영님** 어디 갔어! 빨리 데려와!

진영님이 날 잃어버린 거야? 날 **진영님**께 데려다줘. 부탁해

이 필통이 아니야! 난 **진영님**의 필통에 있어야 한다고!

- 글꼴 : HY견고딕
- 크기 : 24, 22pt
- 속성 : 진하게

① [입력] 탭-[직사각형(□)] 도형을 삽입하고 [개체 속성]-[기본] 탭에서 너비를 '270mm', 높이를 '19mm'로 지정합니다.

② [선] 탭에서 선 색, 종류, 굵기를 지정하고 [사각형 모서리 곡률]을 '둥근 모양'으로 지정한 후 [채우기] 탭에서 '색 채우기 없음'을 지정합니다.

③ [입력] 탭-[가로 글상자(▤)]를 클릭하여 글상자를 삽입하고 내용을 입력한 후 [개체 속성]-[선] 탭에서 종류를 '없음'으로, [채우기] 탭에서 '색 채우기 없음'으로 지정합니다.

④ [입력] 탭-[그림(▨)]을 클릭하여 '표정01.png' 파일을 삽입한 후 [개체 속성]-[기본] 탭에서 '글자처럼 취급'에 체크 해제하고 [글 앞으로(▨)]로 지정합니다.

⑤ [그림(▨)] 탭-[자르기(▨)]를 클릭하여 그림을 자르고 크기와 위치를 조절합니다.

⑥ [편집] 탭-[개체 선택(▨)]을 클릭하고 마우스를 드래그하여 모든 개체를 선택한 후 [그룹(▨)]-[개체 묶기]를 클릭합니다.

⑦ Ctrl을 누른 상태로 도형을 드래그하여 복사한 후 앞서 배운 내용을 참고하여 선 색, 그림을 변경합니다.

⑧ 완성된 작품을 라벨지에 인쇄하여 활용해 봅니다.

01   혼자 할 수 있어요!

• 예제 파일 : 01강 예제 폴더
• 완성 파일 : 01강 미션 완성.hwpx

01 도형, 글상자, 그림을 이용하여 칭찬 스티커 판을 완성해 보세요.

• 글꼴 : 한컴 윤체 B
• 크기 : 30pt

Hint

❶ [쪽] 탭–[편집 용지]를 클릭하고 [용지 여백]에서 위쪽, 아래쪽, 왼쪽, 오른쪽 여백을 '10mm'로, 머리말, 꼬리말 여백을 '0mm'로 지정합니다.
❷ [입력] 탭–[직사각형] 도형을 삽입하고 [개체 속성]–[기본] 탭에서 너비를 '170mm', 높이를 '250mm'로 지정합니다.
❸ [선] 탭에서 종류를 '없음'으로 지정하고 [채우기] 탭에서 [그림 선택]을 클릭하여 '배경02.jpg' 파일을 삽입합니다.
❹ [입력] 탭–[가로 글상자]를 클릭하여 글상자를 삽입하고 내용을 입력한 후 [개체 속성]–[선] 탭에서 종류를 '없음'으로, [채우기] 탭에서 '색 채우기 없음'으로 지정합니다.
❺ [입력] 탭–[타원] 도형을 삽입하고 [개체 속성]–[선] 탭에서 종류를 '없음'으로 지정한 후 [채우기] 탭에서 원하는 면 색을 지정합니다.
❻ Ctrl 을 누른 상태로 '타원' 도형을 드래그하여 복사합니다.
❼ [입력] 탭–[그림]을 클릭하여 '최고01.png' 파일을 삽입한 후 [개체 속성]–[기본] 탭에서 '글자처럼 취급'에 체크 해제하고 [글 앞으로]로 지정합니다.
❽ [그림] 탭–[자르기]를 클릭하여 그림을 자르고 크기와 위치를 조절합니다.
❾ [편집] 탭–[개체 선택]을 클릭하고 마우스를 드래그하여 모든 개체를 선택한 후 [그룹]–[개체 묶기]를 클릭합니다.

02 크리스마스 카드 만들기

학습목표

- 그림으로 쪽 배경을 만들어요.
- 도형에 투명도를 설정해요.
- 그림을 이용하여 카드를 꾸며요.
- 만든 작품을 인쇄하여 편지를 써봐요.

▶ 예제 파일 : 02강 예제 폴더
▶ 완성 파일 : 02강 완성.hwpx

완성작품

 **크리스마스 카드 배경을 꾸며 보아요.**

① [쪽] 탭-[편집 용지(📄)]를 클릭하여 [편집 용지] 대화상자가 나타나면 [용지 방향]을 '가로'로 선택하고 [용지 여백]에서 위쪽, 아래쪽, 왼쪽, 오른쪽 여백을 '10mm', 머리말, 꼬리말 여백을 '0mm'로 설정합니다.

② [쪽] 탭-[테두리/배경(🖼)]을 클릭하여 [쪽 테두리/배경] 대화상자가 나타나면 [배경] 탭-[그림 선택(📁)]을 클릭하여 '배경03.png' 파일을 불러옵니다.

③ [입력] 탭-[직사각형(▭)]을 선택하여 도형을 삽입하고 [개체 속성]-[선] 탭에서 종류를 '없음'으로 지정합니다.

④ [사각형 모서리 곡률]을 '둥근 모양'으로 지정하고 [곡률 지정]을 '5%'로 지정합니다.

⑤ [채우기] 탭에서 면 색을 '하양(RGB: 255,255,255)'으로 지정하고 [투명도 설정]에서 투명도를 '50%'로 지정합니다.

미션 2 크리스마스 카드를 완성해 보아요.

1. [입력] 탭-[직선(⬚)] 도형을 선택하고 Shift 를 누른 상태로 드래그하여 삽입합니다.
2. [개체 속성]-[선] 탭에서 선 색, 종류, 굵기를 지정합니다.
3. Ctrl 을 누른 상태로 삽입한 '직선' 도형을 드래그하여 여러 개 복사합니다.
4. [입력] 탭-[그림(⬚)]을 클릭하고 [02강 예제 폴더]에서 원하는 그림을 삽입합니다.
5. [개체 속성]-[기본] 탭에서 '글자처럼 취급'에 체크 해제하고 [글 앞으로(⬚)]로 지정합니다.
6. [그림(⬚)] 탭-[자르기(⬚)]를 클릭하여 그림을 자르고 크기와 위치를 조절합니다.
7. [입력] 탭-[가로 글상자(⬚)]를 클릭하여 글상자를 삽입하고 내용을 입력한 후 [개체 속성]-[선] 탭에서 종류를 '없음'으로, [채우기] 탭에서 '색 채우기 없음'으로 지정합니다.
8. 작품이 완성되면 인쇄하여 카드에 편지를 써봅니다.

Tip
- Ctrl 을 누른 상태로 선을 그리면 선이 일자로 그려져요.
- Ctrl + Shift 를 누른 상태로 개체를 복사하면 일직선으로 복사할 수 있어요.

02  혼자 할 수 있어요!

• 예제 파일 : 02강 예제 폴더
• 완성 파일 : 02강 미션 완성.hwpx

01 쪽 배경, 도형, 그림을 이용하여 멋진 새해 카드를 완성해 보세요.

• 글꼴 : 한컴 바겐세일 B
• 크기 : 50pt
• 글자 색 : 임의 지정

• 선 색 : 검정(RGB: 0,0,0)
• 종류 : 파선
• 굵기 : 0.12mm

Hint

❶ [쪽] 탭-[편집 용지(📄)]를 클릭하고 [용지 여백]에서 위쪽, 아래쪽, 왼쪽, 오른쪽 여백을 '10mm'로, 머리말, 꼬리말 여백을 '0mm'로 지정합니다.
❷ [쪽] 탭-[쪽 테두리/배경(📄)]-[배경] 탭에서 '배경06.png' 그림을 불러옵니다.
❸ [입력] 탭-[직사각형(□)] 도형을 삽입하고 [개체 속성]-[선] 탭에서 종류를 '없음'으로, [사각형 모서리 곡률]을 '둥근 모양'으로 지정한 후 [곡률 지정]을 '5%'로 지정합니다.
❹ [채우기] 탭에서 면 색을 '하양(RGB: 255,255,255)'으로 지정하고 [투명도 설정]에서 투명도를 '10%'로 지정합니다.
❺ [입력] 탭-[가로 글상자(📄)]를 클릭하여 글상자를 삽입하고 내용을 입력한 후 [개체 속성]-[선] 탭에서 종류를 '없음'으로, [채우기] 탭에서 '색 채우기 없음'으로 지정합니다.
❻ [입력] 탭-[타원(○)] 도형을 삽입하고 Ctrl 을 누른 상태로 드래그하여 여러 개 복사합니다.
❼ [입력] 탭-[그림(🖼)]을 클릭하여 원하는 그림을 삽입하고 [개체 속성]-[기본] 탭에서 '글자처럼 취급'에 체크 해제한 후 [글 앞으로(🦋)]로 지정합니다.
❽ [그림(🖼)] 탭-[자르기(📄)]를 클릭하여 그림을 자르고 크기와 위치를 조절합니다.
❾ 완성한 작품을 인쇄하여 새해 카드를 작성해 봅니다.

03 귀욤 포토 카드 만들기

학습목표

- 도형을 이용하여 포토 카드를 만들어요.
- 그림에 그림자 효과를 적용해요.
- 그림과 글상자를 이용하여 포토 카드를 꾸며요.

▶ 예제 파일 : 03강 예제 폴더
▶ 완성 파일 : 03강 완성.hwpx

완성작품

미션 1 포토 카드 배경을 꾸며 보아요.

1. [쪽] 탭-[편집 용지(📄)]를 클릭하여 [편집 용지] 대화상자가 나타나면 [용지 방향]을 '가로'로 선택하고 [용지 여백]에서 위쪽, 아래쪽, 왼쪽, 오른쪽 여백을 '10mm', 머리말, 꼬리말 여백을 '0mm'로 지정합니다.

2. [입력] 탭-[직사각형(▭)] 도형을 삽입하고 [개체 속성]-[기본] 탭에서 너비를 '63mm', 높이를 '92mm'로 지정합니다.

3. [선] 탭에서 [사각형 모서리 곡률]을 '둥근 모양'으로 지정하고 [곡률 지정]을 '5%'로 지정합니다.

4. Ctrl 을 누른 상태로 '직사각형' 도형을 드래그하여 여러 개 복사합니다.

5. [개체 속성]-[채우기] 탭에서 원하는 면 색, 무늬 색, 무늬 모양을 지정합니다.

 **포토 카드를 완성해 보아요.**

1. [입력] 탭-[그림]을 클릭하고 [03강 예제 폴더]에서 원하는 그림을 삽입합니다.
2. [개체 속성]-[기본] 탭에서 '글자처럼 취급'에 체크 해제하고 [글 앞으로]로 지정합니다.
3. [그림] 탭-[자르기]를 클릭하여 그림을 자르고 크기와 위치를 조절합니다.
4. 그림을 선택하고 [개체 속성]-[선] 탭에서 원하는 선 색과 종류, 굵기를 지정합니다.
5. [그림자] 탭-[그림자 효과]에서 '그림자 없음'에 체크 해제하고 원하는 색, 투명도, 흐리게, 크기, 기울기, 거리, 각도 등의 속성을 지정합니다.
6. [입력] 탭-[가로 글상자]를 클릭하여 글상자를 삽입하고 내용을 입력한 후 [개체 속성]-[선] 탭에서 종류를 '없음'으로, [채우기] 탭에서 '색 채우기 없음'으로 지정합니다.
7. 앞서 배운 방법대로 그림을 삽입하여 여러 장의 포토 카드를 만듭니다.
8. 작품이 완성되면 인쇄하고 코팅하여 포토 카드로 사용해 봅니다.

03   혼자 할 수 있어요!

• 예제 파일 : 03강 예제 폴더
• 완성 파일 : 03강 미션 완성.hwpx

01 도형과 그림, 그림자 효과를 이용하여 고양이 액자를 완성해 보세요.

• 글꼴 : 한컴 솔잎 B
• 크기 : 50pt
• 글자 색 : 임의 지정
• 속성 : 기울임

Hint

❶ [쪽] 탭–[편집 용지(📄)]를 클릭하고 [용지 여백]에서 위쪽, 아래쪽, 왼쪽, 오른쪽 여백을 '10mm'로, 머리말, 꼬리말 여백을 '0mm'로 지정합니다.
❷ [입력] 탭–[직사각형(▭)] 도형을 삽입하고 [개체 속성]–[기본] 탭에서 너비를 '183mm', 높이를 '178mm'로 지정합니다.
❸ [채우기] 탭에서 원하는 면 색, 무늬 색, 무늬 모양을 지정합니다.
❹ [입력] 탭–[그림(🖼)]을 클릭하여 '동물10.jpg' 파일을 삽입한 후 [개체 속성]–[기본] 탭에서 '글자처럼 취급'에 체크 해제하고 [글 앞으로(📄)]로 지정합니다.
❺ [선] 탭에서 원하는 선 색, 종류, 굵기를 지정합니다.
❻ [그림자] 탭–[그림자 효과]에 체크 해제하고 원하는 색, 투명도, 흐리게, 크기, 기울기, 거리, 각도 등의 속성을 지정합니다.
❼ [입력] 탭–[가로 글상자(📄)]를 클릭하여 글상자를 삽입하고 내용을 입력한 후 [개체 속성]–[선] 탭에서 종류를 '없음'으로, [채우기] 탭에서 '색 채우기 없음'으로 지정합니다.
❽ [입력] 탭–[그림(🖼)]을 클릭하여 '아이콘09.png' 파일을 삽입한 후 [개체 속성]–[기본] 탭에서 '글자처럼 취급'에 체크 해제하고 [글 앞으로(📄)]로 지정합니다.
❾ [그림(🖼)] 탭–[자르기(✂)]를 클릭하여 그림을 자르고 크기와 위치를 조절합니다.

04 포토 콜라주 만들기

학습목표

- 글맵시를 이용하여 제목을 만들어요.
- 표를 이용하여 포토 콜라주를 만들어요.
- 그림으로 셀을 채우고 추억 메모를 입력해요.

▶ 예제 파일 : 04강 예제 폴더
▶ 완성 파일 : 04강 완성.hwpx

완성작품

**미션 1** 글맵시를 이용하여 제목을 만들어 보아요.

글꼴 : 한컴 윤체 B

① [쪽] 탭-[편집 용지(📄)]를 클릭하여 [편집 용지] 대화상자가 나타나면 [용지 방향]을 '가로'로 선택하고 [용지 여백]에서 위쪽, 아래쪽, 왼쪽, 오른쪽 여백을 '10mm', 머리말, 꼬리말 여백을 '0mm'로 지정합니다.

② [입력] 탭-[글맵시 목록 단추(글맵시)]-[채우기-회색 그러데이션, 회색 그림자, 팽창 모양(캐나다)]을 클릭하여 [글맵시 만들기] 대화상자가 나타나면 내용을 입력하고 글꼴 서식을 지정합니다.

③ 글맵시 개체를 더블클릭하여 [개체 속성] 대화상자가 나타나면 [기본] 탭에서 너비를 '225mm', 높이를 '42mm'로 지정합니다.

④ 글맵시 개체를 드래그하여 문서 위쪽으로 위치를 지정합니다.

- [글맵시 목록 단추(글맵시)]를 클릭하면 글맵시 스타일이 나타나고 [글맵시(캐나다)]를 클릭하면 [글맵시 만들기] 대화상자가 나타나요.
- [Ctrl]+[F10]을 누르고 [훈글(HNC) 문자표]-[전각 기호 일반] 탭에서 특수문자를 삽입해요.

미션 2 표를 삽입하여 포토 콜라주를 만들어 보아요.

① [입력] 탭-[표(⊞)]를 클릭하여 [표 만들기] 대화상자가 나타나면 줄 개수 '5', 칸 개수 '5'를 입력하고 [만들기] 단추를 클릭한 후 크기 조절점을 드래그하여 표 크기를 조절합니다.

② 병합할 셀을 드래그하여 영역 지정하고 [표 레이아웃(⊞)] 탭-[셀 합치기(⊞)]를 클릭합니다.

③ 셀과 셀 사이의 선에 마우스 포인터를 가져다 대고 드래그하여 셀의 크기를 조절합니다.

④ Ctrl 을 누른 상태로 셀을 선택하고 [표 디자인(▦)] 탭-[테두리 색]을 클릭하여 원하는 테두리 색을 지정합니다.

⑤ [표 디자인(▦)] 탭-[테두리 굵기]-[0.4mm]를 선택합니다.

⑥ [표 디자인(▦)] 탭-[테두리]-[바깥쪽 테두리]를 선택합니다.

⑦ 앞서 배운 방법대로 각 셀의 테두리 서식을 지정합니다.

Tip 여러 셀을 영역 지정하고 M 을 눌러도 셀을 병합할 수 있어요.

 **미션 3** 그림으로 셀을 채워 포토 콜라주를 완성해 보아요.

① Ctrl 을 누른 상태로 셀을 선택하여 영역 지정하고 [표 디자인(📋)] 탭-[표 채우기]-[다른 채우기]를 클릭합니다.

② [셀 테두리/배경] 대화상자에서 [배경] 탭-[그림 선택(📁)]을 클릭하여 '사진01.jpg' 파일을 불러옵니다.

③ 앞서 배운 방법대로 각 셀에 그림을 채웁니다.

④ 셀을 클릭하여 그림에 어울리는 내용을 입력하고 글꼴 서식을 지정합니다.

Tip
- 영역 지정된 셀에 글자를 입력할 때는 셀을 더블클릭해요.
- Enter 를 눌러 셀 안에서 글자의 위치를 조절해요.

04   혼자 할 수 있어요!

• 예제 파일 : 04강 예제 폴더
• 완성 파일 : 04강 미션 완성.hwpx

01 글맵시와 표를 이용하여 과일 빙고판을 완성해 보세요.

글꼴 : HY수평선B

Hint

❶ [쪽] 탭-[편집 용지(📄)]를 클릭하고 [용지 여백]에서 위쪽, 아래쪽, 왼쪽, 오른쪽 여백을 '10mm'로, 머리말, 꼬리말 여백을 '0mm'로 지정합니다.

❷ [입력] 탭-[글맵시 목록 단추(글맵시)]-[채우기-하늘색 그러데이션 갈매기형 수장 모양(가나다)]을 클릭한 후 [글맵시 만들기] 대화상자가 나타나면 내용을 입력하고 글꼴 서식을 지정합니다.

❸ 글맵시를 더블클릭하여 [개체 속성] 대화상자가 나타나면 [기본] 탭에서 너비를 '185mm', 높이를 '39mm'로 지정하고 위치를 조절합니다.

❹ [입력] 탭-[표(⊞)]를 클릭하여 [표 만들기] 대화상자가 나타나면 줄 개수 '3', 칸 개수 '3'을 입력하고 [만들기] 단추를 클릭합니다.

❺ 표의 크기 조절점을 드래그하여 크기를 조절합니다.

❻ [Ctrl]을 누른 상태로 셀을 선택하여 영역 지정하고 [표 디자인(📋)] 탭-[표 채우기]-[다른 채우기]를 클릭합니다.

❼ [셀 테두리/배경] 대화상자에서 [배경] 탭-[그림 선택(📁)]을 클릭하여 원하는 과일 그림을 불러옵니다.

❽ 같은 방법으로 각 셀을 다양한 과일 그림으로 채우고 작품이 완성되면 인쇄하여 친구들과 빙고 게임을 해봅니다.

05 공룡 마을 초대장 만들기

학습목표

- 쪽 테두리를 설정해요.
- 메일 머지 표시 달기 기능을 이용해요.
- 메일 머지를 만들어요.

▶ 예제 파일 : 05강 예제 폴더
▶ 완성 파일 : '초대장.hwpx', '초대명단.hwpx', '05강 완성.hwpx'

완성작품

공룡 마을 초대장

로바스님 안녕하세요.
저는 아기 공룡 초록이에요! 저는 제 꿈을 이루고 싶어 초대장을 보내게 되었어요.
저는 큰 꿀벌과 함께 살고 있는데, 꿀벌은 매일 꿀통을 얻는 것이 꿈이라고 해요.
그래서 저도 꿈을 생각해봤는데, 저는 우주인과 외계인을 만나고 싶어요.
혹시 로바스님이 우주인이나 외계인이라면 공룡 마을에 놀러와 저와 특별한 추억을 만들어 주세요.

※ 일시 : 2월 22일
※ 장소 : 공룡 마을 초록이네 집
※ 일정 : 초록이와 외계인 춤추기

1
자크스
퀘리온
미르타
로바스
제리온
타크스
엘리온
크리프
노바스
푸르카

 쪽 테두리를 설정해 보아요.

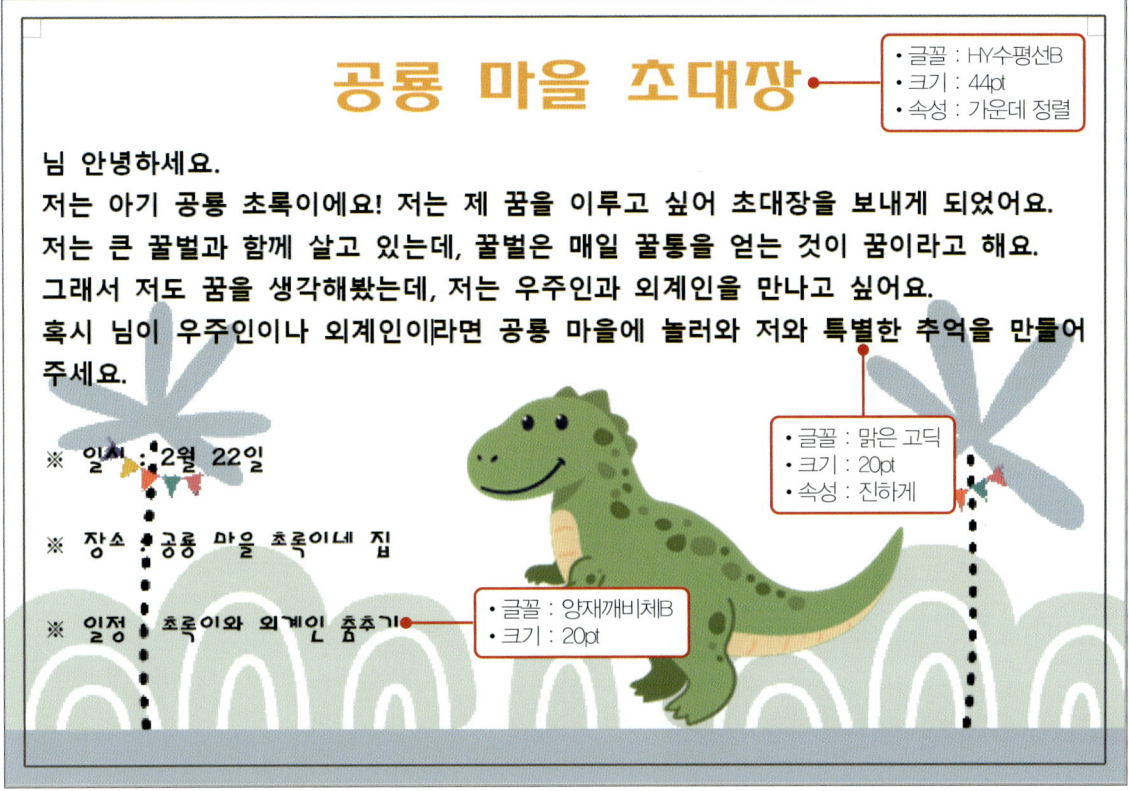

1. [쪽] 탭-[편집 용지(□)]를 클릭하여 [편집 용지] 대화상자가 나타나면 [용지 방향]을 '가로'로 선택하고 [용지 여백]에서 위쪽, 아래쪽, 왼쪽, 오른쪽 여백을 '10mm', 머리말, 꼬리말 여백을 '0mm'로 설정합니다.

2. [쪽] 탭-[쪽 테두리/배경(□)]을 클릭하고 [테두리] 탭에서 종류를 '굵고 얇은 이중선'으로, 굵기를 '0.7mm'로, 색을 '검정(RGB: 0,0,0) 35% 밝게'로 지정한 후 '모두(□)'를 클릭합니다.

3. [배경] 탭-[그림 선택(□)]을 클릭하고 '배경.png' 파일을 불러옵니다.

4. 초대장의 제목과 내용을 입력한 후 글꼴 서식을 지정합니다.

5. [입력] 탭-[그림(□)]을 클릭하고 '공룡.png' 파일을 삽입한 후 [개체 속성]-[기본] 탭에서 '글자처럼 취급'에 체크 해제하고 [글 앞으로(□)]로 지정합니다.

6. [파일] 탭-[저장하기]를 클릭하여 파일 이름을 "초대장"으로 입력한 후 저장합니다.

미션 2 메일 머지 표시를 달아 보아요.

1
자크스
퀘리온
미르타
로바스
제리온
타크스
엘리온
크리프
노바스
푸르카

❶ [파일] 탭-[새 문서]를 클릭하고 첫 줄에 "1"을 입력한 후 초대 명단을 차례대로 입력합니다.

❷ [파일] 탭-[저장하기]를 클릭하여 파일 이름을 "초대명단"으로 입력한 후 저장합니다.

❸ '초대장' 문서로 돌아와 '님' 글자 앞에 마우스 커서를 위치시킨 후 [도구] 탭 목록 단추(▼)-[메일 머지]-[메일 머지 표시 달기]를 클릭합니다.

❹ [메일 머지 표시 달기] 대화상자가 나타나면 [필드 만들기] 탭에서 "1"을 입력하고 [넣기] 단추를 클릭합니다.

Tip 메일 머지란 여러 사람에게 같은 내용의 편지나 안내장을 보낼 때 각 사람의 이름이나 다른 정보를 삽입하여 개인화된 편지를 만드는 방법이에요.

 **미션 3** 메일 머지를 만들어 보아요.

1. [도구] 탭 목록 단추(▼)-[메일 머지]-[메일 머지 만들기]를 클릭합니다.

2. [메일 머지 만들기] 대화상자가 나타나면 [자료 종류]에서 '흔글 파일'을 선택한 후 [파일 선택(📁)]을 클릭합니다.

3. [한글 파일 불러오기] 대화상자가 나타나면 '초대명단.hwpx' 파일을 선택하고 [열기] 단추를 클릭합니다.

4. [출력 방향]에서 '화면'을 선택하고 [만들기] 단추를 클릭합니다.

5. [미리 보기] 화면이 나타나면 [Page Down]을 눌러 다음 쪽의 초대 명단을 확인합니다.

05 혼자 할 수 있어요!

- 예제 파일 : 05강 예제 폴더
- 완성 파일 : '상장.hwpx', '수상자.hwpx', '05강 미션 완성.hwpx'

01 쪽 테두리와 메일 머지 기능을 이용하여 타자 경진 대회 상장을 완성해 보세요.

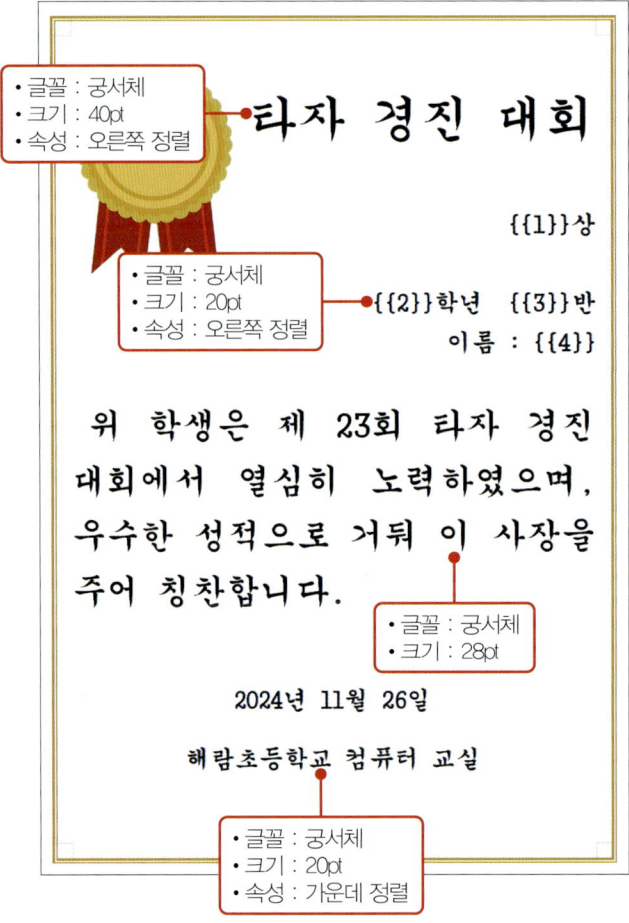

```
4
번개
4
3
차연우
스피드
3
6
현서희
프로타자
5
2
정성은
타자왕
6
1
정은지
```

Hint

❶ [쪽] 탭-[쪽 테두리/배경(□)]을 클릭하여 테두리 서식을 지정합니다.
❷ 내용을 입력한 후 그림을 삽입하고 '상', '학년', '반', '이름'에 마우스 커서를 위치시킨 후 [도구] 탭 목록 단추(▼)-[메일 머지]-[메일 머지 표시 달기]를 클릭하여 메일 머지 표시를 답니다.
❸ [파일] 탭-[저장하기]를 클릭하여 '상장'으로 저장합니다.
❹ [파일] 탭-[새 문서]를 클릭하여 수상자 명단을 작성한 후 '수상자'로 저장합니다.
❺ '상장' 문서에서 [도구] 탭 목록 단추(▼)-[메일 머지]-[메일 머지 만들기]를 클릭하여 '수상자.hwpx' 파일을 불러옵니다.
❻ 메일 머지가 실행되면 화면으로 결과를 확인한 후 상장을 인쇄합니다.

06 역대 애니메이션 흥행 순위

학습목표

- 다단 설정 기능을 이용하여 다단을 나누어요.
- 문단 첫 글자 장식을 설정해요.
- 차트를 삽입해요.

▶ 예제 파일 : 06강 예제 폴더
▶ 완성 파일 : 06강 완성.hwpx

완성작품

애니메이션 흥행 순위

겨울왕국2는 2019년 미국 월트 디즈니 애니메이션 스튜디오에서 제작한 3D 컴퓨터 애니메이션으로 2013년 개봉한 '겨울왕국'의 속편이에요. 역대 애니메이션 흥행 순위 1위를 차지한 애니메이션으로 우리나라에서는 1,300명이 넘는 관객이 '겨울왕국2'를 관람했어요.

겨울왕국2는 알렌델 왕국의 두 자매 엘사와 안나가 위험에 빠진 아렌델 왕국을 구하기 위해 미지의 나라로 모험을 떠나면 벌어지는 내용을 다루고 있어요.

★ 자매 사이의 애정과 용기, 우정의 중요성을 강조하고 있어요.

※ 역대 애니메이션 흥행 순위

순위	제목	관객 수
1	겨울왕국2	13,768,797
2	겨울왕국	10,329,222
3	인사이드 아웃2	8,058,831
4	엘리멘탈	7,240,510
5	스즈메의 문단속	5,576,278

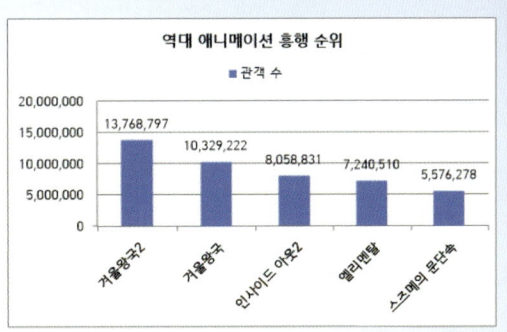

◆ 애니메이션별 명대사

겨울왕국2 : "변하지 않는 게 하나 있어요. 바로 사랑이에요."
겨울왕국 : "여기서 심장이 얼어붙은 사람은 당신뿐인거 같네요."
인사이드 아웃2 : "기쁨이 가는 곳에 슬픔도 가야지."
엘리멘탈 : "네 빛이 일렁일때가 좋아."
스즈메의 문단속 : "나는 말이야, 스즈메의 내일이란다."

미션 1 다단을 둘로 나누어 보아요.

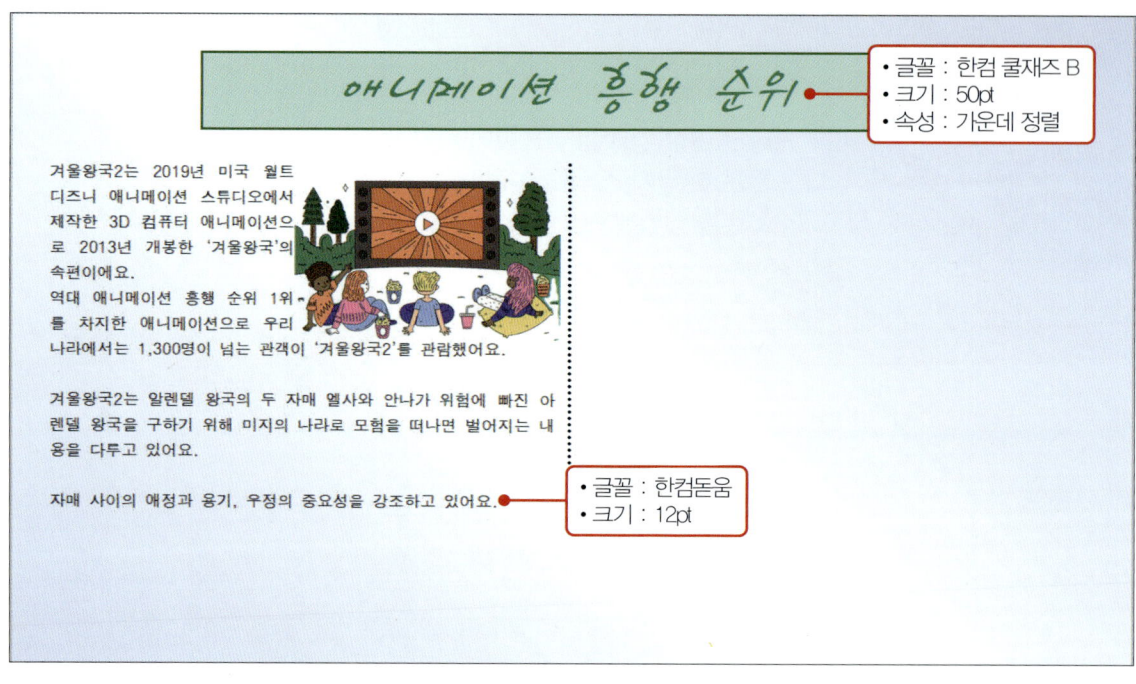

1. [쪽] 탭-[편집 용지(📄)]를 클릭하여 [편집 용지] 대화상자가 나타나면 [용지 방향]을 '가로'로 선택하고 [용지 여백]에서 위쪽, 아래쪽, 왼쪽, 오른쪽 여백을 '10mm', 머리말, 꼬리말 여백을 '0mm'로 설정합니다.

2. [쪽] 탭-[쪽 테두리/배경(📄)]을 클릭하고 [배경] 탭-[채우기]-[그러데이션]을 클릭한 후 시작 색['하양(RGB: 255,255,255)'], 끝 색['하늘색(RGB: 97,130,214) 80% 밝게'], 유형('왼쪽 대각선')을 지정합니다.

3. [입력] 탭-[가로 글상자(📄)]를 클릭하여 글상자를 삽입한 후 내용을 입력하고 글상자 서식과 글꼴 서식을 지정합니다.

4. 글상자 아랫줄로 이동한 후 [쪽] 탭-[단(📄)]을 클릭하여 [단 설정] 대화상자가 나타나면 [자주 쓰이는 모양]을 '둘'로 지정합니다.

5. [구분선 넣기]에 체크하고 구분선의 종류, 굵기, 색을 자유롭게 지정한 후 [설정] 단추를 클릭합니다.

6. 내용을 입력하고 글꼴 서식을 지정합니다.

7. [입력] 탭-[그림(📄)]을 클릭하고 '이미지.png' 파일을 삽입한 후 [개체 속성]-[기본] 탭에서 '글자처럼 취급'에 체크 해제하고 [어울림(📄)]을 클릭하여 그림 위치를 조절합니다.

 **문단 첫 글자 장식을 설정해 보아요.**

① 입력한 내용 중 '겨' 글자 앞에 마우스 커서를 위치시키고 [서식] 탭 목록 단추(▼)-[문단 첫 글자 장식]을 클릭하여 [문단 첫 글자 장식] 대화상자가 나타나면 [모양]에서 '2'줄을 선택하고 면 색을 '노랑(RGB: 255,215,0)'으로 선택한 후 [설정] 단추를 클릭합니다.

② '자매' 글자 앞에 마우스 커서를 위치시키고 Ctrl + F10 을 눌러 [문자표 입력] 대화상자가 나타나면 원하는 문자표를 삽입합니다.

③ '역대 애니메이션 흥행 순위' 다음 줄에 마우스 커서를 위치시키고 [입력] 탭-[표(田)]를 클릭하여 줄 개수 '6', 칸 개수 '3'의 표를 삽입합니다.

④ 표가 삽입되면 내용을 입력하고 글꼴 서식을 지정합니다.

⑤ 표의 1행을 드래그하여 마우스 오른쪽 단추를 클릭하고 [셀 테두리/배경]-[각 셀마다 적용]을 클릭한 후 [테두리] 탭에서 테두리 종류와 적용 위치를 지정하고 [배경] 탭에서 면 색을 지정합니다.

미션 3 차트를 삽입해 보아요.

1. [입력] 탭-[차트]-[세로 막대형]-[묶은 세로 막대형]을 클릭하여 [차트 데이터 편집] 대화상자가 나타나면 데이터를 입력하고 [닫기(×)] 단추를 클릭합니다.

2. 차트가 삽입되면 차트 제목을 "역대 애니메이션 흥행 순위"로 입력합니다.

3. '관객 수'를 마우스 오른쪽 단추로 클릭하고 [범례 속성]을 클릭한 후 범례 위치를 '위쪽'으로 지정합니다.

4. 왼쪽 축을 마우스 오른쪽 단추로 클릭하고 [축 속성]을 클릭한 후 [표시 형식]-[범주]에서 범주를 '숫자'로 지정하고 '1000단위 구분 기호(,) 사용'에 체크합니다.

5. 데이터 레이블을 마우스 오른쪽 단추로 클릭하고 [데이터 레이블 속성]을 클릭한 후 [표시 형식]-[범주]에서 범주를 '숫자'로 지정하고 '1000단위 구분 기호(,) 사용'에 체크합니다.

6. 차트 아래에 내용을 입력한 후 글꼴 서식을 지정합니다.

혼자 할 수 있어요!

• 완성 파일 : 06강 미션 완성.hwpx

01 다단 설정을 이용하여 가로 세로 낱말 퍼즐을 완성해 보세요.

- 글꼴 : HY얇은샘물M
- 크기 : 25pt
- 속성 : 진하게

초등학생이 알아야 할 가로 세로 낱말 퍼즐

- 글꼴 : 휴먼둥근헤드라인
- 크기 : 26pt
- 속성 : 가운데 정렬

문제

가로 열쇠
① 병균이나 먼지 따위를 막기 위하여 입과 코를 가리는 물건. 펜 코로나 19 예방을 위해 ○○○를 착용하세요.
② 폭우나 지진, 화산 따위로 산 중턱의 바윗돌이나 흙이 갑자기 무너져 내리는 현상.
③ 용의 머리와 뱀의 꼬리라는 뜻으로, 처음은 왕성하나 끝이 부진한 현상을 이르는 말.
④ 기절하거나 까무러칠 정도로 몹시 놀라 집겁을 함.
⑤ 필기도구의 하나. 형광 물질이 들어 있어 글자를 강조할 때 쓰인다.
⑥ 배우, 가수, 무용가 등 연예에 종사하는 사람을 이르는 말.
⑦ 안부, 소식, 용무 따위를 적어 보내는 글.
⑧ 곡식으로 만든 적은 분량의 음식. 펜 ○○를 끓다.

세로 열쇠
① 경상남도 동남부에 있는 광역시. 펜 해운대는 ○○의 유명 관광지이다.
② 서양화의 데생에 쓰이는 풀떼나 파스텔 같은 막대기 모양의 화구. 펜 크레파스.
③ 대한민국의 국기.
④ 네 개의 선분으로 둘러싸인 평면 도형. 펜 네모꼴.
⑤ 우리나라의 광복을 기념하기 위해 제정한 국경일로 8월 15일이다.
⑥ 시계에서 초를 가리키는 바늘.
⑦ 영화나 텔레비전 프로그램 따위의 내용을 선전하기 위하여, 그 내용의 일부를 뽑아 모은 것. 펜 이것은 본편이 아닌 ○○에 불과하다.
⑧ 정해진 시각보다 늦게 출근하거나 등교함.

- 글꼴 : 함초롬바탕
- 크기 : 10pt

알아맞혀보세요~

- 글꼴 : 휴먼매직체
- 글맵시 모양 : 위로 넓은 원통

Hint

❶ [쪽] 탭-[편집 용지]를 클릭하고 [용지 여백]에서 위쪽, 아래쪽, 왼쪽, 오른쪽 여백을 '10mm'로, 머리말, 꼬리말 여백을 '0mm'로 지정합니다.

❷ [쪽] 탭-[쪽 테두리/배경]-[배경] 탭에서 그러데이션을 지정합니다.

❸ [쪽] 탭-[단]에서 단 개수를 '3'으로 지정하고 '구분선 넣기'에 체크한 후 구분선 종류와 굵기, 색을 지정합니다.

❹ 가로 글상자를 삽입하고 내용을 입력한 후 글상자 서식과 글꼴 서식을 지정합니다.

❺ 줄 개수 : '8', 칸 개수 : '8'인 표를 삽입한 후 문자표의 '전각 기호(원)'에서 알맞은 문자표를 삽입합니다.

❻ 표 전체를 영역 지정하고 [표 레이아웃] 탭-[내용 정렬]-[셀 정렬]-[왼쪽 위]를 클릭합니다.

❼ 글자가 입력될 칸과 글자가 입력되지 않을 칸을 각각 마우스 오른쪽 단추로 클릭하고 [셀 테두리/배경]-[각 셀마다 적용]-[배경] 탭을 클릭하여 면 색을 지정합니다.

❽ 글맵시를 삽입한 후 Enter를 이용하여 다음 단에 문제 내용을 입력합니다.

❾ [입력] 탭-[그림] 목록 단추(▼)-[그리기마당]-[클립아트 다운로드]-[그리기 조각] 탭에서 '열쇠'를 검색한 후 그리기 조각을 삽입합니다.

07 눈사람 스티커 만들기

학 습 목 표

- 도형을 삽입하고 채우기 색과 윤곽선 색을 변경해요.
- 그림을 삽입해요.
- 3D 모델을 삽입해요.

▶ 예제 파일 : 07강 예제 폴더
▶ 완성 파일 : 07강 완성.pptx

완성작품

 **미션 1** 스티커 배경을 만들어 보아요.

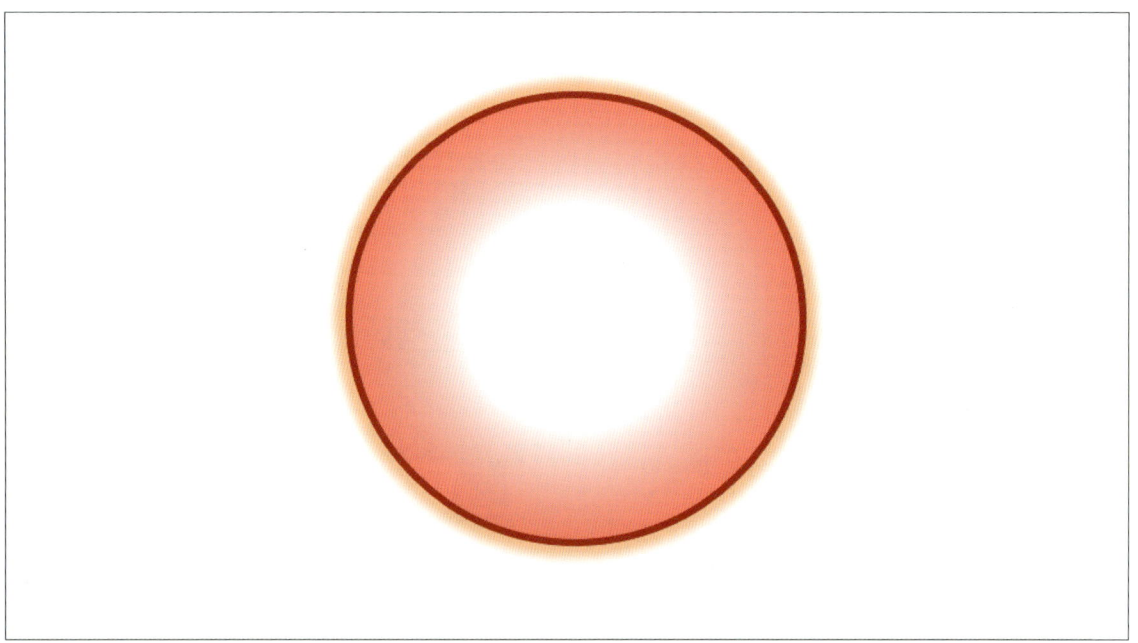

① [홈] 탭-[슬라이드] 그룹-[레이아웃(▣)]-[빈 화면] 슬라이드를 선택합니다.

② [삽입] 탭-[일러스트레이션] 그룹-[도형(🔽)]-[타원(◯)]을 선택하고 Shift 를 누른 상태로 드래그하여 삽입합니다.

③ '타원' 도형을 선택한 후 [도형 서식] 탭-[도형 스타일] 그룹-[도형 윤곽선]을 클릭하여 '진한 빨강'을 선택하고 두께를 '6pt'로 지정합니다.

④ [도형 서식] 탭-[도형 스타일] 그룹-[도형 효과]-[네온]을 클릭하여 '네온: 18pt, 주황, 강조색 2'를 선택합니다.

⑤ [도형 서식] 탭-[도형 스타일] 그룹-[도형 채우기]-[그라데이션]-[기타 그라데이션]을 클릭합니다.

⑥ 화면 오른쪽에 [도형 서식] 창이 나타나면 [채우기 및 선] 탭-[채우기]-[그라데이션 채우기]를 클릭하고 종류를 '방사형'으로 지정한 후 [그라데이션 중지점]에서 중지점의 위치를 조절합니다.

미션 2 나무를 그려 보아요.

❶ [삽입] 탭-[일러스트레이션] 그룹-[도형(⬚)]-[사다리꼴(△)]을 선택한 후 드래그하여 삽입합니다.

❷ '사다리꼴' 도형을 선택하고 [도형 서식] 탭-[도형 스타일] 그룹-[도형 채우기]에서 '주황, 강조 2, 50% 더 어둡게'를 선택하고 [도형 윤곽선]에서 '윤곽선 없음'을 선택합니다.

❸ [삽입] 탭-[일러스트레이션] 그룹-[도형(⬚)]-[구름(☁)]을 선택한 후 드래그하여 삽입합니다.

❹ '구름' 도형을 선택하고 [도형 서식] 탭-[도형 스타일] 그룹-[도형 채우기]에서 '녹색, 강조 6'을 선택하고 [도형 윤곽선]에서 '윤곽선 없음'을 선택합니다.

❺ Ctrl 을 누른 상태로 '구름' 도형을 드래그하여 여러 개 복사한 후 크기와 위치를 조절합니다.

❻ [삽입] 탭-[일러스트레이션] 그룹-[도형(⬚)]-[타원(○)]을 선택하고 Shift 를 누른 상태로 드래그하여 삽입합니다.

❼ Ctrl 을 누른 상태로 '타원' 도형을 드래그하여 여러 개 복사합니다.

❽ '타원' 도형을 각각 선택하고 [도형 서식] 탭-[도형 스타일] 그룹-[도형 채우기]에서 원하는 색을 지정합니다.

 **미션 3** 눈사람 스티커를 완성해 보아요.

❶ [삽입] 탭-[이미지] 그룹-[그림(🖼)]-[이 디바이스]를 클릭하여 '눈사람.png' 파일을 불러온 후 크기와 위치를 조절합니다.

❷ [삽입] 탭-[일러스트레이션] 그룹-[3D 모델(📦)]을 클릭하고 검색창에 'star'를 검색하여 원하는 3D 모델을 삽입하고 크기와 위치를 조절합니다.

❸ [삽입] 탭-[일러스트레이션] 그룹-[3D 모델(📦)]을 클릭하고 검색창에 'snow'를 검색하여 원하는 3D 모델을 삽입하고 크기와 위치를 조절합니다.

❹  을 누른 상태로 'snow' 3D 모델을 드래그하여 여러 개 복사합니다.

Tip
- 원하는 3D 모델을 검색할 때는 영어로 검색해야 결과물을 얻을 수 있어요.
- 3D 모델을 삽입한 후 조절 단추를 상하좌우로 움직여 관찰해 봐요.

07  혼자 할 수 있어요!

• 예제 파일 : 07강 예제 폴더
• 완성 파일 : 07강 미션 완성.pptx

01 도형과 그림을 이용하여 생일 스티커를 완성해 보세요.

Hint

❶ [홈] 탭-[슬라이드] 그룹-[레이아웃(▢)]-[빈 화면] 슬라이드를 선택합니다.
❷ '타원(○)' 도형을 삽입하고 도형 채우기 및 도형 윤곽선을 지정하여 스티커 배경을 그립니다.
❸ '원통형(⌭)' 도형을 삽입하고 도형 채우기 및 도형 윤곽선을 지정하여 케이크와 촛불의 촛대를 그립니다.
❹ '타원(○)' 도형을 삽입하고 도형 채우기 및 도형 윤곽선을 지정하여 케이크 장식과 촛불을 그립니다.
❺ [삽입] 탭-[이미지] 그룹-[그림(🖼)]-[이 디바이스]를 클릭하여 원하는 그림을 불러와 생일 스티커를 꾸밉니다.

08 할로윈 데이의 유래

학습목표

- 슬라이드 테마를 지정해요.
- 그림을 삽입하고 필요한 부분만 잘라 사용해요.
- 그림을 삽입하고 그림 스타일을 지정해요.
- 새로운 슬라이드를 삽입해요.

▶ 예제 파일 : 08강 예제 폴더
▶ 완성 파일 : 08강 완성.pptx

완성작품

미션 1 슬라이드 테마를 지정해 보아요.

1. [디자인] 탭-[테마] 그룹-[배지]를 선택하여 슬라이드 테마를 적용합니다.

2. 제목과 부제목을 입력한 후 글꼴 서식을 지정합니다.

3. [삽입] 탭-[이미지] 그룹-[그림]-[이 디바이스]를 클릭한 후 원하는 그림을 삽입합니다.

4. 그림을 선택하고 [그림 서식] 탭-[크기] 그룹-[자르기]를 클릭한 후 조절점을 드래그하여 영역을 지정하고 다시 [자르기]를 클릭합니다.

5. 자르기를 완료한 그림의 크기와 위치를 조절합니다.

6. [홈] 탭-[슬라이드] 그룹-[새 슬라이드]-[콘텐츠 2개]를 클릭하여 슬라이드를 추가합니다.

 **미션 2** 그림을 삽입하고 그림 스타일을 지정해 보아요.

① 추가된 슬라이드를 선택하고 제목에 "할로윈 데이의 유래"를 입력한 후 글꼴 서식을 지정합니다.

② 슬라이드의 그림 아이콘(📄)을 클릭한 후 '할로윈03.png' 파일을 삽입합니다.

③ 삽입된 그림을 선택한 후 [그림 서식] 탭-[그림 스타일] 그룹-[대각선 방향의 모서리 잘림, 흰색]을 클릭합니다.

④ 내용 입력 상자에 내용을 입력한 후 글꼴 서식을 지정합니다.

⑤ [삽입] 탭-[이미지] 그룹-[그림(🖼)]-[이 디바이스]를 클릭한 후 원하는 그림을 삽입합니다.

⑥ 그림을 선택하고 [그림 서식] 탭-[크기] 그룹-[자르기(✂)]를 클릭한 후 조절점을 드래그하여 영역을 지정하고 다시 [자르기(✂)]를 클릭합니다.

⑦ 자르기를 완료한 그림의 크기와 위치를 조절합니다.

 **미션 3** 새 슬라이드를 삽입하여 문서를 완성해 보아요.

① [홈] 탭-[슬라이드] 그룹-[새 슬라이드(📄)]-[콘텐츠 2개]를 클릭하여 세 번째 슬라이드를 추가합니다.

② 제목을 입력한 후 글꼴 서식을 지정합니다.

③ 슬라이드의 그림 아이콘(🖼)을 클릭한 후 '할로윈04.png' 파일을 삽입합니다.

④ 삽입된 그림을 선택한 후 [그림 서식] 탭-[그림 스타일] 그룹에서 원하는 스타일을 지정합니다.

⑤ 내용 입력 상자에 내용을 입력한 후 글꼴 서식을 지정합니다.

⑥ [삽입] 탭-[이미지] 그룹-[그림(🖼)]-[이 디바이스]를 클릭한 후 원하는 그림을 삽입합니다.

⑦ 그림을 선택하고 [그림 서식] 탭-[크기] 그룹-[자르기(✂)]를 클릭한 후 조절점을 드래그하여 영역을 지정하고 다시 [자르기(✂)]를 클릭합니다.

⑧ 자르기를 완료한 그림의 크기와 위치를 조절합니다.

⑨ 같은 방법으로 네 번째 슬라이드를 추가하여 할로윈 관련 슬라이드를 완성합니다.

혼자 할 수 있어요!

• 예제 파일 : 08강 예제 폴더
• 완성 파일 : 08강 미션 완성.pptx

01 테마를 지정하고 슬라이드를 추가하여 할로윈 페스티벌 홍보 안내문을 완성해 보세요.

Hint

❶ [디자인] 탭-[사용자 지정] 그룹-[슬라이드 크기(▭)]-[사용자 지정 슬라이드 크기]-[방향]-[세로]를 지정한 후 슬라이드 테마를 '비행기 구름'으로 지정합니다.
❷ [삽입] 탭-[이미지] 그룹-[그림(▣)]-[이 디바이스]를 클릭하여 그림을 삽입한 후 제목 입력란과 부제목 입력란에 내용을 입력하고 글꼴 서식을 지정합니다.
❸ [삽입] 탭-[일러스트레이션] 그룹-[도형(◎)]-[타원(○)] 도형을 삽입하여 내용을 입력한 후 원하는 도형 서식을 지정합니다.
❹ [홈] 탭-[슬라이드] 그룹-[새 슬라이드(▭)]-[빈 화면]을 클릭하여 슬라이드를 추가합니다.
❺ [삽입] 탭-[일러스트레이션] 그룹-[도형(◎)]-[가로 텍스트 상자(▭)]를 삽입하여 내용을 입력하고 글꼴 서식을 지정합니다.
❻ [삽입] 탭-[이미지] 그룹-[그림(▣)]-[이 디바이스]를 클릭하여 그림을 삽입하고 [일러스트레이션] 그룹-[도형(◎)]-[이중 물결(▭)] 도형을 삽입한 후 원하는 글꼴 서식과 도형 서식을 지정합니다.

09 초콜릿 선호도 조사

학습목표

- 워드아트로 글자를 꾸며요.
- 그림을 삽입하고 그림 스타일을 변경해요.
- 차트를 삽입하고 편집해요.

▶ 예제 파일 : 09강 예제 폴더
▶ 완성 파일 : 09강 완성.pptx

완성작품

 **미션 1** 워드아트로 글자를 꾸며 보아요.

• 글꼴 : HY헤드라인M
• 크기 : 48

❶ [홈] 탭-[슬라이드] 그룹-[레이아웃(□)]-[빈 화면] 슬라이드를 적용합니다.

❷ [디자인] 탭-[사용자 지정] 그룹-[배경 서식(♦)]을 클릭하여 [배경 서식] 창이 나타나면 [채우기] 탭-[채우기]-[그림 또는 질감 채우기]-[삽입]을 클릭합니다.

❸ [그림 삽입] 창이 나타나면 [파일에서]를 클릭하여 '배경01.jpg' 파일을 삽입합니다.

❹ [삽입] 탭-[텍스트] 그룹-[WordArt(가)]-[채우기: 흰색, 윤곽선: 주황, 강조색 2, 진한 그림자: 주황, 강조색 2]를 클릭하여 워드아트 상자가 삽입되면 "Valentine's Day 초콜릿 선호도 조사"를 입력합니다.

 **미션 2** 그림을 삽입하고 그림 스타일을 변경해 보아요.

① [삽입] 탭-[텍스트] 그룹-[텍스트 상자(🔲)]를 클릭하고 마우스를 드래그하여 텍스트 상자가 삽입되면 "1. 다크 초콜릿"을 입력하고 글꼴 서식을 지정합니다.

② [삽입] 탭-[이미지] 그룹-[그림(🖼)]-[이 디바이스]를 클릭하여 '다크 초콜릿.jpg' 파일을 삽입합니다.

③ 그림을 선택하고 [그림 서식] 탭-[그림 스타일] 그룹-[반사형 입체, 흰색]을 클릭한 후 크기와 위치를 조절합니다.

④ ①과 같은 방법으로 텍스트 상자를 삽입하고 "2. 파베 초콜릿", "3. 셸 초콜릿", "4. 바 초콜릿"을 입력한 후 글꼴 서식을 지정합니다.

⑤ ②~③과 같은 방법으로 '파베 초콜릿'~'바 초콜릿' 이미지를 삽입하고 그림 스타일을 지정합니다.

 **미션 3** 차트를 삽입하고 편집해 보아요.

① [삽입] 탭-[일러스트레이션] 그룹-[차트(📊)]를 클릭하여 [차트 삽입] 대화상자가 나타나면 [원형]-[3차원 원형]을 선택한 후 [확인] 단추를 클릭합니다.

② 엑셀 창이 나타나면 기존 데이터를 삭제하고 그림과 같이 데이터를 입력한 후 [닫기(×)] 단추를 클릭합니다.

③ 차트 제목을 선택하고 [홈] 탭-[글꼴] 그룹에서 글꼴 서식을 지정합니다.

④ 차트 계열을 마우스 오른쪽 단추로 클릭하고 [데이터 레이블 추가]-[데이터 설명선 추가]를 클릭합니다.

⑤ '다크' 계열을 마우스로 드래그하여 계열을 분리한 후 크기와 위치를 조절합니다.

 **Tip** 차트 데이터 입력 시, 데이터가 이미 입력되어 있어도 새로운 데이터를 입력하면 기존 데이터가 삭제돼요.

09 혼자 할 수 있어요!

• 예제 파일 : 09강 예제 폴더
• 완성 파일 : 09강 미션 완성.pptx

01 어린이날 받고 싶은 선물을 조사하여 차트를 만들어 보세요.

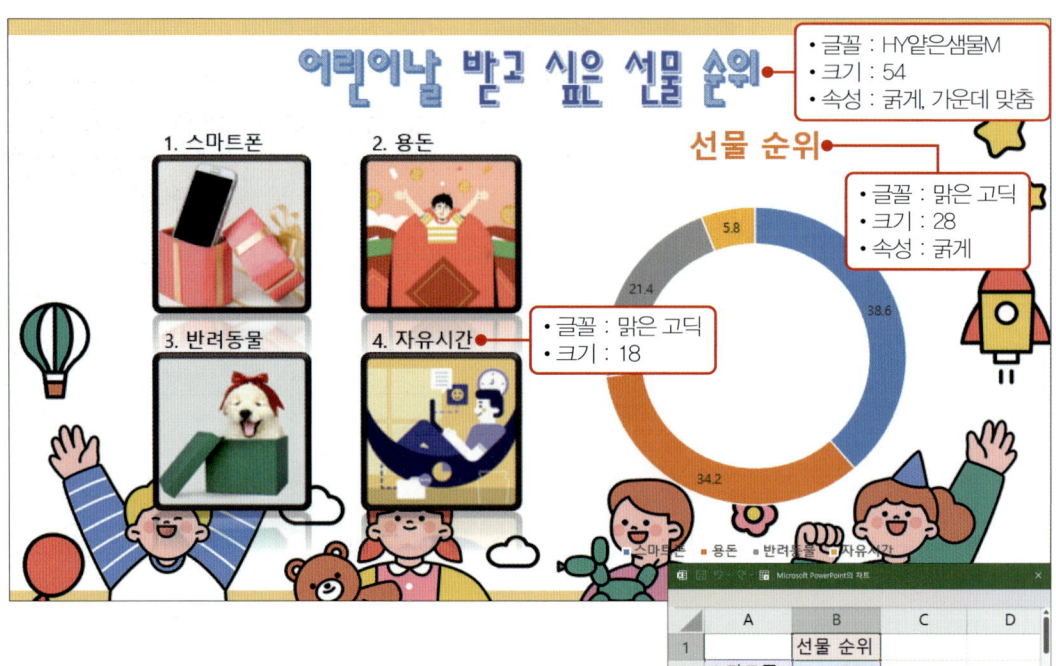

• 글꼴 : HY얕은샘물M
• 크기 : 54
• 속성 : 굵게, 가운데 맞춤

• 글꼴 : 맑은 고딕
• 크기 : 28
• 속성 : 굵게

• 글꼴 : 맑은 고딕
• 크기 : 18

Hint

❶ [홈] 탭–[슬라이드] 그룹–[레이아웃]–[빈 화면] 슬라이드를 선택합니다.
❷ [디자인] 탭–[사용자 지정] 그룹–[배경 서식]–[채우기]–[그림 또는 질감 채우기]–[삽입]을 클릭하여 배경 이미지를 불러옵니다.
❸ [삽입] 탭–[텍스트] 그룹–[WordArt]에서 원하는 워드아트 스타일을 선택하고 제목을 입력한 후 글꼴 서식을 지정합니다.
❹ [삽입] 탭–[텍스트] 그룹–[텍스트 상자]를 클릭하여 받고 싶은 선물을 입력하고 글꼴 서식을 지정합니다.
❺ [삽입] 탭–[이미지] 그룹–[그림]–[이 디바이스]를 클릭하여 그림을 삽입하고 [그림 서식] 탭–[그림 스타일] 그룹에서 원하는 그림 스타일을 적용합니다.
❻ [삽입] 탭–[일러스트레이션] 그룹–[차트]를 클릭하여 원하는 차트를 선택하고 데이터를 입력합니다.
❼ 차트 제목의 글꼴 서식을 지정합니다.
❽ 차트 계열을 마우스 오른쪽 단추로 클릭하고 [데이터 레이블 추가]–[데이터 레이블 추가]를 클릭한 후 크기와 위치를 조절합니다.

10 방과후 탈출 게임

학습목표

- 개체에 하이퍼링크를 삽입해요.
- 개체에 실행 속성을 적용해요.
- 개체에 애니메이션 효과를 지정해요.

▶ 예제 파일 : 10강 예제 폴더
▶ 완성 파일 : 10강 완성.pptx

완성작품

 **미션 1** 개체에 하이퍼링크를 삽입해 보아요.

① [파일] 탭-[열기]-[찾아보기]를 클릭하여 '10강 예제.pptx' 파일을 불러옵니다.

② 슬라이드 1을 선택하고 [삽입] 탭-[일러스트레이션] 그룹-[도형( )]-[사각형: 둥근 모서리( )] 도형을 삽입하고 [도형 서식] 탭에서 도형 채우기와 도형 윤곽선을 지정합니다.

③ '사각형: 둥근 모서리' 도형을 마우스 오른쪽 단추로 클릭하여 [텍스트 편집]을 클릭하고 내용을 입력한 후 글꼴 서식을 지정합니다.

④ [삽입] 탭-[일러스트레이션] 그룹-[도형( )]-[말풍선: 모서리가 둥근 사각형( )] 도형을 삽입하고 [도형 서식] 탭에서 도형 채우기와 도형 윤곽선을 지정합니다.

⑤ '말풍선' 도형을 마우스 오른쪽 단추로 클릭하여 [텍스트 편집]을 클릭하고 내용을 입력한 후 글꼴 서식을 지정합니다.

⑥ [삽입] 탭-[이미지] 그룹-[그림( )]-[이 디바이스]를 클릭하여 '캐릭터.png' 파일을 삽입한 후 크기와 위치를 조절합니다.

⑦ '말풍선' 도형을 선택하고 [삽입] 탭-[링크] 그룹-[링크( )]를 클릭하여 [하이퍼링크 삽입] 대화상자가 나타나면 [현재 문서]-[다음 슬라이드]를 선택하고 [확인] 단추를 클릭합니다.

 **미션 2** 개체에 실행 속성을 적용해 보아요.

1. 슬라이드 2를 선택하고 [삽입] 탭-[텍스트] 그룹-[WordArt(가)]-[채우기: 검정, 텍스트 색 1, 윤곽선: 흰색, 배경색 1, 진한 그림자: 흰색, 배경색 1]을 클릭합니다.

2. 워드아트가 삽입되면 제목을 입력하고 글꼴 서식을 지정한 후 크기와 위치를 조절합니다.

3. [삽입] 탭-[일러스트레이션] 그룹-[도형]-[직사각형] 도형을 삽입하고 [도형 서식] 탭-[도형 스타일] 그룹-[도형 윤곽선]-[윤곽선 없음]을 클릭합니다.

4. [도형 채우기]-[질감]-[기타 질감]을 클릭하여 화면 오른쪽에 [도형 서식] 창이 나타나면 [채우기 및 선] 탭-[채우기]-[패턴 채우기]를 클릭하고 패턴을 '수평 벽돌 무늬'로 선택한 후 전경색과 배경을 원하는 색으로 지정합니다.

5. '직사각형' 도형을 선택하고 [삽입] 탭-[링크] 그룹-[실행(★)]을 클릭하여 [실행 설정] 대화 상자가 나타나면 [마우스를 위에 놓았을 때] 탭-[하이퍼링크]-[쇼 마침]을 선택한 후 [확인] 단추를 클릭합니다.

6. Ctrl 을 누른 상태로 '직사각형' 도형을 드래그하여 여러 개 복사한 후 크기와 방향, 위치를 조절하여 벽을 만듭니다.

 **미션 3** 개체에 애니메이션 효과를 적용해 보아요.

① [삽입] 탭–[이미지] 그룹–[그림(🖼)]–[이 디바이스]를 클릭하여 '집.png' 파일을 불러온 후 크기와 위치를 조절합니다.

② '집' 그림을 선택하고 [삽입] 탭–[링크] 그룹–[실행(⭐)]을 클릭하여 [실행 설정] 대화상자가 나타나면 [마우스를 위에 놓았을 때] 탭–[하이퍼링크]–[다음 슬라이드]를 선택한 후 [확인] 단추를 클릭합니다.

③ 애니메이션 효과를 적용할 '직사각형' 도형을 선택한 후 [애니메이션] 탭–[애니메이션] 그룹–[회전(⭐)]을 클릭합니다.

④ [애니메이션] 탭–[고급 애니메이션] 그룹–[애니메이션 창]을 클릭하여 화면 오른쪽에 [애니메이션 창]이 나타나면 애니메이션이 적용된 '직사각형' 도형을 선택한 후 목록 단추(▼)를 클릭하고 '타이밍'을 클릭합니다.

⑤ [회전] 대화상자가 나타나면 [타이밍] 탭에서 '시작: 이전 효과와 함께', '지연: 0', '재생 시간: 2초(중간)', '반복: 슬라이드가 끝날 때까지'로 지정한 후 [확인] 단추를 클릭합니다.

⑥ 같은 방법으로 벽 중간의 '직사각형' 도형에 애니메이션 효과를 적용합니다.

> **Tip**
> '집' 그림에 마우스가 닿으면 다음 슬라이드를 실행하고 '회전' 애니메이션을 적용한 '직사각형' 도형에 마우스가 닿으면 슬라이드가 종료되도록 애니메이션 효과를 적용하였어요.

 **미션 4** 방과후 탈출 게임을 진행해 보아요.

① 슬라이드 3을 선택하고 [삽입] 탭-[일러스트레이션] 그룹-[도형( )]-[말풍선: 모서리가 둥근 사각형( )] 도형을 삽입합니다.

② '말풍선' 도형을 선택하고 [도형 서식] 탭-[도형 스타일] 그룹에서 원하는 도형 스타일을 적용하고 내용을 입력한 후 글꼴 서식을 지정합니다.

③ [삽입] 탭-[이미지] 그룹-[그림( )]-[이 디바이스]를 클릭하고 '캐릭터.png' 파일을 삽입한 후 크기와 위치를 조절합니다.

④ [슬라이드 쇼] 탭-[슬라이드 쇼 시작] 그룹-[처음부터( )]를 클릭하여 애니메이션을 실행한 후 방과후 탈출 게임을 진행해 봅니다.

- F5 를 눌러도 슬라이드 쇼를 실행할 수 있어요.
- '탈출' 말풍선을 클릭하여 슬라이드 2를 실행하고 회전하는 벽에 닿지 않게 마우스가 '집' 그림까지 이동하도록 해보세요.

10 혼자 할 수 있어요!

- 예제 파일 : 10강 예제 폴더
- 완성 파일 : 10강 미션 완성.pptx

01 하이퍼링크를 삽입하여 학예회 준비 발표 자료를 완성해 보세요.

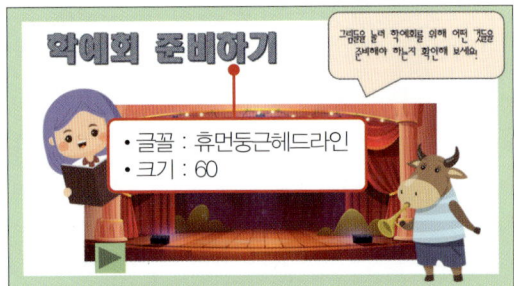

- 글꼴 : 휴먼둥근헤드라인
- 크기 : 60

- 글꼴 : 휴먼옛체
- 크기 : 44
- 속성 : 굵게, 텍스트 그림자

- 글꼴 : 휴먼아미체
- 크기 : 28

Hint

1. [제목만] 레이아웃에서 워드아트를 이용하여 제목을 입력하고 [삽입] 탭-[일러스트레이션] 그룹-[도형]-[액자] 도형을 삽입한 후 원하는 서식을 지정합니다.
2. [삽입] 탭-[이미지] 그룹-[그림]-[이 디바이스]를 클릭하여 '학예회1.png', '학예회2.png', '학예회8.png' 파일을 삽입하고 크기와 위치를 조절합니다.
3. [삽입] 탭-[일러스트레이션] 그룹-[도형]-[말풍선: 모서리가 둥근 사각형] 도형을 삽입하고 내용을 입력한 후 원하는 서식을 지정합니다.
4. [삽입] 탭-[일러스트레이션] 그룹-[도형]-[실행 단추: 앞으로 또는 다음으로 이동] 도형을 삽입한 후 원하는 서식을 지정합니다.
5. [제목만] 슬라이드를 3개 추가하고 각 슬라이드에 첫 번째 슬라이드와 같은 방법으로 도형, 그림, 텍스트를 삽입한 후 원하는 서식을 지정합니다.
6. 두 번째 슬라이드~네 번째 슬라이드에 실행 단추를 삽입한 후 원하는 서식을 지정합니다.
7. 첫 번째 슬라이드를 선택한 후 '학예회1.png' 그림에 하이퍼링크를 삽입하여 '2. 함께 노래 연습하기' 슬라이드를 지정합니다.
8. 같은 방법으로 '학예회2.png' 그림과 '학예회8.png' 그림에 하이퍼링크를 삽입하여 각각 '3. 연주할 악기 준비하기' 슬라이드와 '4. 무대 예쁘게 꾸미기' 슬라이드를 지정합니다.

11 작은 음악회

학습목표
- 슬라이드 화면 전환 효과를 지정해요.
- 도형에 3차원 효과를 적용해요.
- 소리 파일을 삽입하고 실행 속성을 적용해요.

▶ 예제 파일 : 11강 예제 폴더
▶ 완성 파일 : 11강 완성.pptx

완성작품

 **슬라이드를 추가하고 화면 전환 효과를 지정해 보아요.**

- 글꼴 : 휴먼아미체
- 크기 : 88

① [홈] 탭-[슬라이드] 그룹-[레이아웃(□)]-[빈 화면] 슬라이드를 적용합니다.

② [디자인] 탭-[사용자 지정] 그룹-[배경 서식(□)]을 클릭하고 [채우기] 탭-[채우기]-[그림 또는 질감 채우기]-[삽입]을 클릭하여 '배경01.jpg' 파일을 삽입합니다.

③ [삽입] 탭-[텍스트] 그룹-[텍스트 상자(□)]를 클릭하여 텍스트 상자가 삽입되면 "작은 음악회"를 입력하고 글꼴 서식을 지정합니다.

④ 텍스트 상자를 선택하고 [도형 서식] 탭-[WordArt 스타일] 그룹-[텍스트 효과]-[네온]-[네온: 11pt, 주황, 강조색 2]를 선택합니다.

⑤ [삽입] 탭-[이미지] 그룹-[그림(□)]-[이 디바이스]를 클릭하고 원하는 그림을 삽입한 후 크기와 위치를 조절합니다.

⑥ [홈] 탭-[슬라이드] 그룹-[새 슬라이드(□)]-[빈 화면]을 클릭하여 슬라이드를 추가합니다.

⑦ 추가된 슬라이드를 선택하고 [전환] 탭-[슬라이드 화면 전환] 그룹-[덮기(□)]를 클릭합니다.

 **도형에 3차원 효과를 적용해 보아요.**

- 글꼴 : HY헤드라인M
- 크기 : 60

① 슬라이드 2를 선택하고 [디자인] 탭-[사용자 지정] 그룹-[배경 서식(🖼)]을 클릭하고 [채우기] 탭-[채우기]-[단색 채우기]를 클릭한 후 색을 '검정, 텍스트 1'로 지정합니다.

② [삽입] 탭-[일러스트레이션] 그룹-[도형(🔘)]-[직사각형(▭)] 도형을 삽입하여 그림과 같이 제목 상자와 피아노 건반을 그립니다.

③ '직사각형' 도형을 각각 선택하고 [도형 서식] 탭-[도형 스타일] 그룹-[도형 채우기]에서 제목 상자와 피아노 건반을 원하는 색으로 채우고 [도형 윤곽선]에서 '윤곽선 없음'을 지정합니다.

④ 마우스를 드래그하여 피아노 건반을 모두 선택하고 [도형 서식] 탭-[도형 스타일] 그룹-[도형 효과]-[입체 효과]-[각지게]를 클릭합니다.

⑤ [삽입] 탭-[텍스트] 그룹-[WordArt(✈)]-[채우기: 흰색, 윤곽선: 주황, 강조색 2, 진한 그림자: 주황, 강조색 2]를 클릭하고 워드아트가 삽입되면 "피아노를 연주해요"를 입력한 후 글꼴 서식을 지정합니다.

⑥ [삽입] 탭-[이미지] 그룹-[그림(🖼)]-[이 디바이스]를 클릭하고 '음표.png' 파일을 삽입합니다.

⑦ '음표' 그림을 선택하고 [그림 서식] 탭-[크기] 그룹-[자르기(✂)]를 클릭하여 필요한 그림을 잘라낸 후 크기와 위치를 조절합니다.

 **미션 3** 소리 파일을 삽입하고 실행 속성을 적용해 보아요.

① 왼쪽에서 첫 번째 '직사각형(건반)' 도형을 선택하고 [삽입] 탭-[링크] 그룹-[실행(⭐)]을 클릭합니다.

② [실행 설정] 대화상자가 나타나면 [마우스를 클릭할 때] 탭-[소리 재생]-[다른 소리...]를 클릭합니다.

③ [오디오 추가] 대화상자가 나타나면 [효과음] 폴더에서 '낮은도.wav' 파일을 선택하고 [확인] 단추를 클릭합니다.

④ 같은 방법으로 모든 건반에 해당하는 효과음을 삽입합니다.

⑤ [슬라이드 쇼] 탭-[슬라이드 쇼 시작] 그룹-[처음부터(▶)]를 클릭하여 화면 전환 효과를 확인하고 피아노를 연주해 봅니다.

  혼자 할 수 있어요!

• 예제 파일 : 11강 예제 폴더
• 완성 파일 : 11강 미션 완성.pptx

01 소리 파일을 삽입하고 실행 속성을 적용하여 나만의 플레이 리스트를 완성해 보세요.

• 글꼴 : 휴먼둥근헤드라인
• 크기 : 66, 80

• 글꼴 : 휴먼모음T
• 크기 : 72

Hint

❶ [홈] 탭-[슬라이드] 그룹-[레이아웃(📄)]-[빈 화면] 슬라이드를 선택합니다.
❷ [디자인] 탭-[사용자 지정] 그룹-[배경 서식(🖼)]을 클릭하여 '배경02.jpg' 파일을 삽입합니다.
❸ [삽입] 탭-[텍스트] 그룹-[WordArt(📝)]에서 원하는 스타일을 적용하고 제목을 입력한 후 글꼴 서식을 지정합니다.
❹ [홈] 탭-[슬라이드] 그룹-[새 슬라이드(📄)]-[빈 화면]을 클릭하여 슬라이드를 추가합니다.
❺ 추가한 슬라이드를 선택하고 [디자인] 탭-[사용자 지정] 그룹-[배경 서식(🖼)]을 클릭하여 '배경03.jpg' 파일을 삽입합니다.
❻ [전환] 탭-[슬라이드 화면 전환] 그룹-[밀어내기(📄)]를 클릭합니다.
❼ [삽입] 탭-[텍스트] 그룹-[WordArt(📝)]에서 원하는 스타일을 적용하고 제목을 입력한 후 글꼴 서식을 지정합니다.
❽ [삽입] 탭-[이미지] 그룹-[그림(🖼)]-[이 디바이스]를 클릭하고 '음악1'~'음악4' 그림을 삽입합니다.
❾ '음악1' 그림을 선택하고 [삽입] 탭-[링크] 그룹-[실행(⭐)]을 클릭하여 [실행 설정] 대화상자가 나타나면 [마우스를 클릭할 때] 탭-[소리 재생]-[다른 소리...]를 선택한 후 '음악1.wav' 파일을 불러옵니다.
❿ ❾와 같은 방법으로 '음악2'~'음악4' 그림에 '음악2'~'음악4' 소리를 적용합니다.
⓫ [슬라이드 쇼] 탭-[슬라이드 쇼 시작] 그룹-[처음부터(📄)]를 클릭하고 그림을 클릭하여 음악을 감상해 봅니다.

12 마인크래프트 인기 캐릭터는?

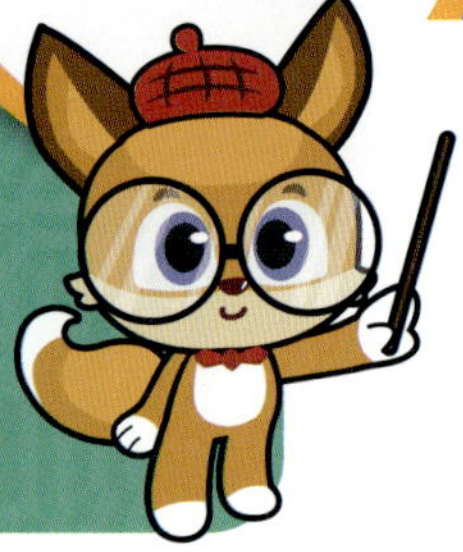

학습목표

- 데이터를 입력하고 자료를 편집해요.
- 차트를 삽입하고 예쁘게 꾸며요.
- 시트를 추가하고 픽셀아트로 캐릭터를 만들어요.

▶ 예제 파일 : 12강 예제 폴더
▶ 완성 파일 : 12강 완성.xlsx

완성작품

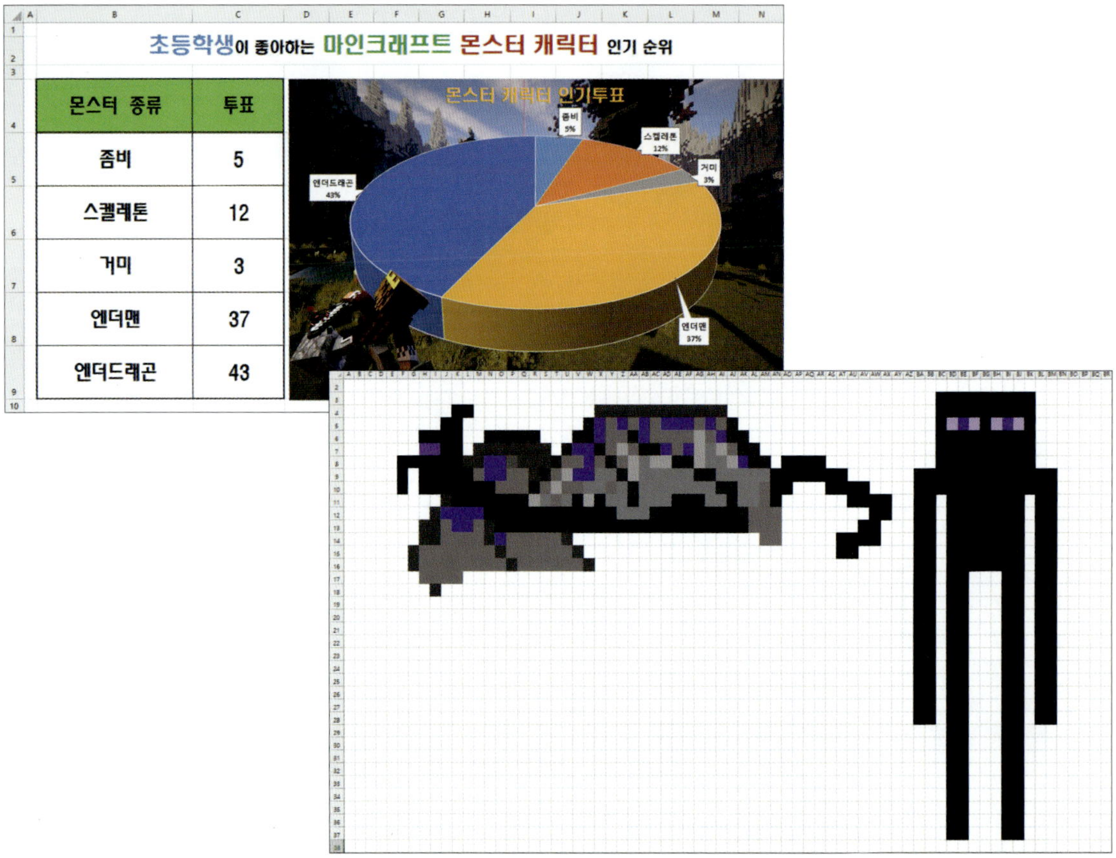

초등학생이 좋아하는 마인크래프트 몬스터 캐릭터 인기 순위

몬스터 종류	투표
좀비	5
스켈레톤	12
거미	3
엔더맨	37
엔더드래곤	43

 **미션 1** 데이터를 입력하고 자료를 편집해 보아요.

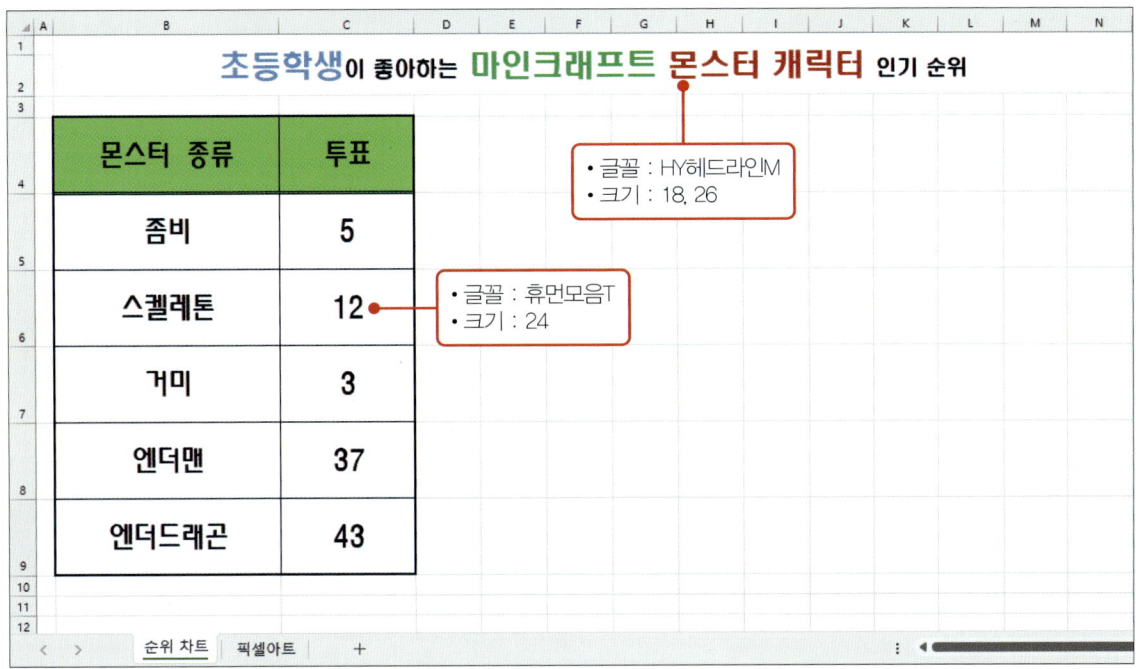

① [A]열의 열 너비를 좁게, [B], [C]열의 열 너비는 넓게 조절합니다.

② [B1:N2] 셀을 영역 지정하고 [홈] 탭-[맞춤] 그룹-[병합하고 가운데 맞춤(🔳)]을 클릭합니다.

③ [B1] 셀에 제목을 입력하고 [홈] 탭-[글꼴] 그룹에서 글꼴 서식을 지정합니다.

④ [2]행과 [4]~[9]행의 높이를 넓게 조절합니다.

⑤ [B4:C9] 셀에 내용을 입력하고 글꼴 서식을 지정합니다.

⑥ [B4:C9] 셀을 영역 지정하고 [홈] 탭-[글꼴] 그룹-[테두리] 목록 단추(▼)-[모든 테두리]를 클릭합니다.

⑦ 이어서 다시 [테두리] 목록 단추(▼)를 클릭하여 [굵은 바깥쪽 테두리]를 클릭합니다.

⑧ [B4:C4] 셀을 영역 지정하고 [홈] 탭-[글꼴] 그룹-[테두리] 목록 단추(▼)-[아래쪽 이중 테두리]를 클릭합니다.

⑨ [홈] 탭-[글꼴] 그룹-[채우기 색] 목록 단추(▼)-[연한 녹색]을 클릭합니다.

⑩ [Sheet1]을 더블클릭하여 시트 이름을 '순위 차트'로 변경합니다.

 **미션 2** 차트를 삽입하고 꾸며 보아요.

① [B4:C9] 셀을 영역 지정하고 [삽입] 탭-[차트] 그룹-[원형 또는 도넛형 차트 삽입(◉)]-[3차원 원형]을 클릭하여 차트를 삽입한 후 크기와 위치를 조절합니다.

② 차트 제목을 마우스 오른쪽 단추로 클릭하여 [텍스트 편집]을 클릭하고 "몬스터 캐릭터 인기 투표"를 입력한 후 글꼴 서식을 지정합니다.

③ 차트 계열을 선택하고 [차트 디자인] 탭-[차트 레이아웃] 그룹-[차트 요소 추가(◨)]-[데이터 레이블]-[데이터 설명선]을 클릭합니다.

④ 차트 영역을 마우스 오른쪽 단추로 클릭하고 [차트 영역 서식]을 클릭하여 화면 오른쪽에 [차트 영역 서식] 창이 나타나면 [채우기 및 선] 탭-[채우기]-[그림 또는 질감 채우기]-[삽입]을 클릭합니다.

⑤ [그림 삽입] 대화상자가 나타나면 [파일에서]를 클릭하고 '배경.jpg' 파일을 삽입합니다.

⑥ [삽입] 탭-[이미지] 그룹-[그림(🖼)]-[이 디바이스]를 클릭하여 '캐릭터.png' 파일을 삽입한 후 크기와 위치를 조절합니다.

 **시트를 추가하여 픽셀아트로 캐릭터를 만들어 보아요.**

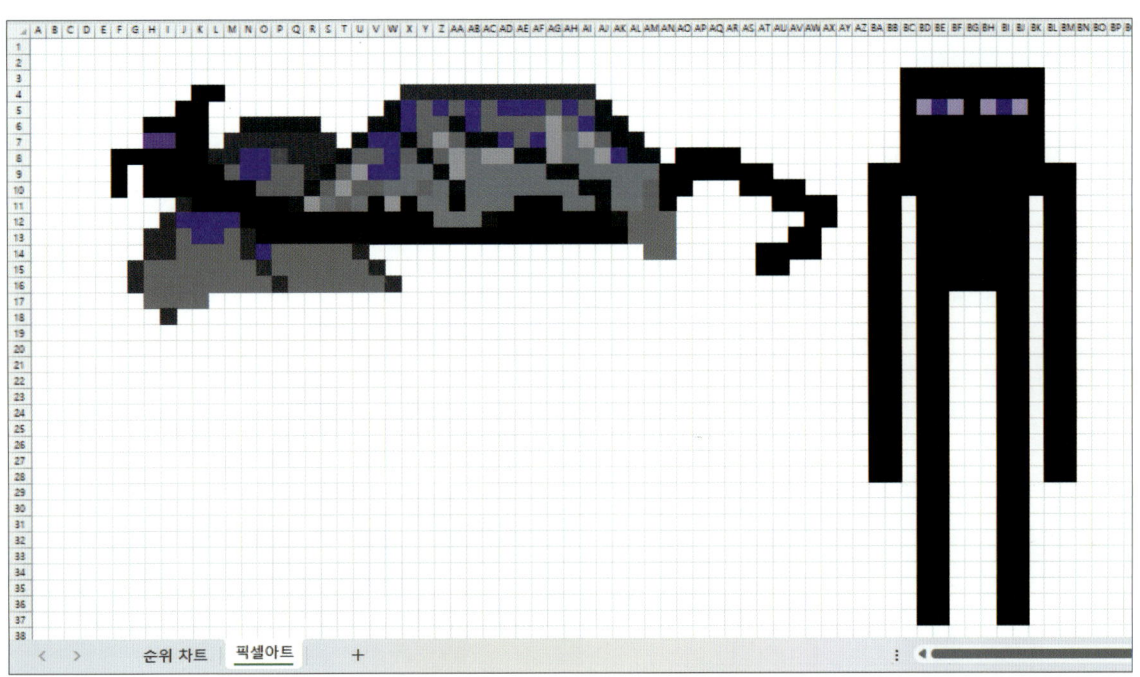

❶ [새 시트(+)]를 클릭하여 시트를 추가하고 시트 이름을 '픽셀아트'로 변경합니다.

❷ 시트 왼쪽 상단의 ▨을 클릭하여 전체 셀을 선택하고 열 너비를 조절하여 셀을 정사각형으로 만듭니다.

❸ 셀을 선택하고 [홈] 탭-[글꼴] 그룹-[채우기 색]에서 원하는 색을 선택하여 셀을 채웁니다.

❹ 같은 방법으로 셀에 다양한 색을 채워 그림과 같이 픽셀아트를 완성합니다.

Ctrl을 누른 상태로 셀을 선택하면 한 번에 여러 개의 셀을 선택하여 색을 채울 수 있어요.

12   혼자 할 수 있어요!

• 예제 파일 : 12강 예제 폴더
• 완성 파일 : 12강 미션 완성.xlsx

01 계절 선호도 조사 데이터를 입력하고 차트로 만들어 보세요.

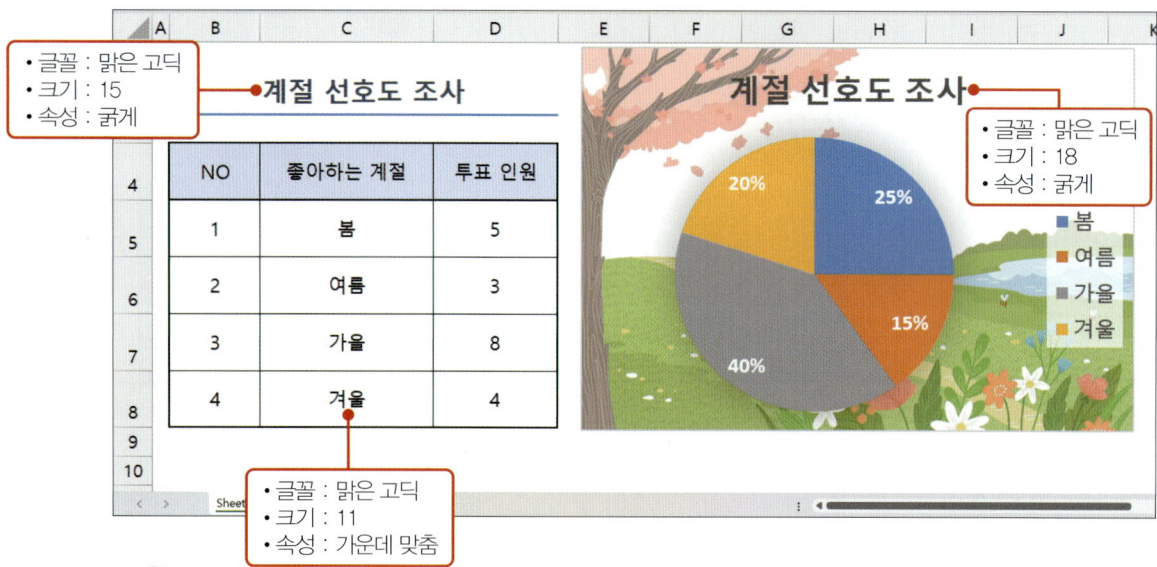

- 글꼴 : 맑은 고딕
- 크기 : 15
- 속성 : 굵게

- 글꼴 : 맑은 고딕
- 크기 : 18
- 속성 : 굵게

- 글꼴 : 맑은 고딕
- 크기 : 11
- 속성 : 가운데 맞춤

Hint

❶ [B2:D2] 셀을 영역 지정하여 [병합하고 가운데 맞춤(🔲)]을 한 후 제목을 입력하고 '아래쪽 테두리'를 설정하고 테두리 색을 변경합니다.
❷ [B4:D8] 셀에 데이터를 입력한 후 테두리와 서식을 지정하고 열 너비와 행 높이를 조절합니다.
❸ [C4:D8] 셀을 영역 지정한 후 [삽입] 탭-[차트] 그룹-[원형 또는 도넛형 차트 삽입(🍩)]-[2차원 원형]-[원형] 차트를 삽입합니다.
❹ [차트 디자인] 탭-[차트 스타일] 그룹에서 차트 스타일을 '스타일 11'로 지정합니다.
❺ 차트 제목을 변경하고 글꼴 서식을 지정합니다.
❻ 범례의 위치를 오른쪽으로 변경합니다.
❼ 차트 영역을 마우스 오른쪽 단추로 클릭하고 [차트 영역 서식]을 클릭하여 화면 오른쪽에 [차트 영역 서식] 창이 나타나면 [채우기 및 선] 탭-[채우기]-[그림 또는 질감 채우기]-[삽입]을 클릭합니다.
❽ [그림 삽입] 대화상자가 나타나면 [파일에서]를 클릭하고 '계절 배경.png' 파일을 삽입합니다.

13 그룹별 칭찬 도장 기록표

학습목표

- 합계를 구하는 SUM 함수와 평균을 구하는 AVERAGE 함수를 삽입해요.
- 최고값을 구하는 MAX 함수와 최소값을 구하는 MIN 함수를 삽입해요.
- 자동 채우기 핸들을 이용하여 손쉽게 값을 구해요.

▶ 예제 파일 : 13강 예제 폴더
▶ 완성 파일 : 13강 완성.xlsx

완성작품

그룹별 칭찬 도장 기록

그룹	이름	3월	4월	5월	6월	7월	8월	9월	10월	11월	12월	합계	평균
1팀	김지인	5	10	4	4	6	3	4	5	8	5	54	5.4
	송지연	3	5	1	5	5	9	5	1	3	4	41	4.1
	강민우	2	9	3	3	1	5	5	4	8	9	49	4.9
2팀	정유연	9	4	4	8	5	3	7	3	9	5	57	5.7
	장훈	4	7	5	6	5	1	5	9	5	7	54	5.4
	최정민	10	3	7	1	5	3	9	4	1	8	51	5.1
3팀	우지민	3	9	8	2	7	8	9	8	4	2	60	6
	조경민	5	7	8	7	8	5	8	8	6	1	63	6.3
	장영우	2	6	5	1	7	5	4	8	3	2	43	4.3
최고 스티커 개수		10	10	8	8	8	9	9	9	9	9		
최저 스티커 개수		2	3	1	1	1	1	4	1	1	1		

미션 1 데이터를 입력하고 자료를 편집해 보아요.

| | 글꼴 : HY헤드라인M 크기 : 22 | | **그룹별 칭찬 도장 기록** | | | | | | | | | 글꼴 : 맑은 고딕 크기 : 11 속성 : 굵게, 가운데 맞춤 |

그룹	이름	3월	4월	5월	6월	7월	8월	9월	10월	11월	12월	합계	평균
1팀	김지인	5	10	4	4	6	3	4	5	8	5		
	송지연	3	5	1	5	5	9	5	1	3	4		
	강민우	2	9	3	3	1	5	5	4	8	9		
2팀	정유연	9	4	4	8	5	3	7	3	9	5		
	장훈	4	7	5	6	5	1	5	9	5	7		
	최정민	10	8	7	1	5	3	9	4	1	8		
3팀	우지민	3	9	8	2	7	8	9	8	4	2		
	조경민	5	7	8	7	8	5	8	8	6	1		
	장영우	2	6	5	1	7	5	4	8	3	2		
최고 스티커 개수													
최저 스티커 개수													

1 [A]열의 열 너비를 좁게 조절하고 [5]~[16]행의 높이를 넓게 조절합니다.

2 [B1:O3], [B15:C15], [B16:C16], [N15:O16] 셀을 영역 지정하고 [홈] 탭-[맞춤] 그룹-[병합하고 가운데 맞춤(圉)]을 클릭합니다.

3 [B1] 셀에 제목을 입력하고 [홈] 탭-[글꼴] 그룹에서 글꼴 서식을 지정합니다.

4 [B5:O16] 셀을 영역 지정하고 [홈] 탭-[글꼴] 그룹-[테두리] 목록 단추(▼)-[모든 테두리]를 클릭합니다.

5 이어서 [테두리] 목록 단추(▼)-[굵은 바깥쪽 테두리]를 클릭합니다.

6 [B6:O8], [B9:O11], [B12:O14], [B5:C16] 셀을 영역 지정하고 [테두리] 목록 단추(▼)-[굵은 바깥쪽 테두리]를 클릭합니다.

7 [B5:M5], [B6:C14], [N5:O5], [B15:C16], [N6:O16], [D6:D14] 셀을 각각 영역 지정하고 [홈] 탭-[글꼴] 그룹-[채우기 색]에서 원하는 색을 지정합니다.

**미션 2** 함수로 계산 결과를 구해 보아요.

그룹별 칭찬 도장 기록

그룹	이름	3월	4월	5월	6월	7월	8월	9월	10월	11월	12월	합계	평균
1팀	김지인	5	10	4	4	6	3	4	5	8	5	54	5.4
	송지연	3	5	1	5	5	9	5	1	3	4		
	강민우	2	9	3	3	1	5	5	4	8	9		
2팀	정유연	9	4	4	8	5	3	7	3	9	5		
	장훈	4	7	5	6	5	1	5	9	5	7		
	최정민	10	3	7	1	5	3	9	4	1	8		
3팀	우지민	3	9	8	2	7	8	9	8	4	2		
	조경민	5	7	8	7	8	5	8	8	6	1		
	장영우	2	6	5	1	7	5	4	8	3	2		
최고 스티커 개수		10											
최저 스티커 개수		2											

❶ [N6] 셀을 클릭하고 [수식] 탭-[함수 라이브러리] 그룹-[자동 합계(∑)]-[합계]를 클릭합니다.

❷ 셀 범위가 [D6:M6]으로 지정된 것을 확인하고 Enter 를 눌러 합계를 구합니다.

❸ [O6] 셀을 클릭하고 [수식] 탭-[함수 라이브러리] 그룹-[자동 합계(∑)]-[평균]을 클릭합니다.

❹ [D6:M6] 셀을 영역 지정하고 Enter 를 눌러 평균 값을 구합니다.

❺ [D15] 셀을 클릭하고 [수식] 탭-[함수 라이브러리] 그룹-[자동 합계(∑)]-[최대값]을 클릭합니다.

❻ 셀 범위가 [D6:D14]로 지정된 것을 확인하고 Enter 를 눌러 최대값을 구합니다.

❼ [D16] 셀을 클릭하고 [수식] 탭-[함수 라이브러리] 그룹-[자동 합계(∑)]-[최소값]을 클릭합니다.

❽ [D6:D14] 셀을 영역 지정하고 Enter 를 눌러 최소값을 구합니다.

 **미션 3** 자동 채우기 핸들을 이용하여 손쉽게 값을 구해 보아요.

❶ [N6:O6] 셀의 채우기 핸들을 [N14:O14] 셀까지 드래그하여 나머지 셀에 결과 값을 채웁니다.

❷ [D15:D16] 셀의 채우기 핸들을 [M15:M16] 셀까지 드래그하여 나머지 셀에 결과 값을 채웁니다.

❸ [삽입] 탭–[일러스트레이션] 그룹–[그림(🖼)]–[이 디바이스]를 클릭하고 '도장.png', '캐릭터.png' 파일을 삽입한 후 크기와 위치를 조절합니다.

 **Tip** 영역을 지정할 첫 번째 셀을 클릭하고 [Shift]를 누른 상태로 영역을 지정할 마지막 셀을 클릭하면 연속적으로 셀을 선택할 수 있어요.

13 혼자 할 수 있어요!

• 완성 파일 : 13강 미션 완성.xlsx

01 COUNT 함수를 이용하여 MBTI 검사지를 완성해 보세요.

번호	내용	체크
	MBTI 나는 얼마나 외향적일까?	
1	친구를 만나고 돌아오면 활력이 생긴다.	
2	처음 만난 사람과 친구가 될 수 있다.	O
3	혼자 조용히 있는 시간이 아깝다.	
4	볼일이 없어도 하루에 한 번은 외출한다.	O
5	새로운 곳에 가면 긴장되기보다는 오히려 설렌다.	O
6	약속이 갑자기 취소되면 다른 약속을 잡는다.	O
7	시끄럽다는 얘기를 많이 듣는다.	O
	몇 개를 체크하였나요?	5
	3개 이상인가요? 당신은 외향적입니다.	

- [B2:D2] 셀: 글꼴 : 휴먼모음T, 크기 : 20, 속성 : 굵게
- [B4:D4] 셀: 글꼴 : 휴먼엑스포, 크기 : 11, 속성 : 굵게, 가운데 맞춤
- [B12:C12] 셀: 글꼴 : 휴먼모음T, 크기 : 16, 속성 : 굵게
- [D12] 셀: 글꼴 : 맑은 고딕, 크기 : 12, 속성 : 굵게, 가운데 맞춤

Hint

❶ [A]열의 열 너비를 좁게, [C]열의 열 너비를 넓게 조절합니다.
❷ [B2:D2] 셀을 영역 지정하고 [홈] 탭-[맞춤] 그룹-[병합하고 가운데 맞춤(🖽)]을 클릭합니다.
❸ [B2] 셀에 제목을 입력하고 [홈] 탭-[글꼴] 그룹에서 글꼴 서식을 지정합니다.
❹ [2]행과 [5]~[12]행의 높이를 넓게 조절합니다.
❺ [B4:D14] 셀에 내용을 입력하고 [홈] 탭-[글꼴] 그룹에서 글꼴 서식을 지정합니다.
❻ [B4:D14] 셀을 영역 지정하고 [홈] 탭-[글꼴] 그룹-[테두리] 목록 단추(▼)-[모든 테두리]를 클릭한 후 다시 [굵은 바깥쪽 테두리]를 클릭합니다.
❼ [B4:B11], [B4:D4], [B5:D11], [D4:D12] 셀을 영역 지정하고 [홈] 탭-[글꼴] 그룹-[테두리] 목록 단추(▼)-[굵은 바깥쪽 테두리]를 클릭합니다.
❽ [B4:D4], [B4:B11], [B12:C12] 셀을 각각 영역 지정하고 [홈] 탭-[글꼴] 그룹-[채우기 색]에서 원하는 색을 지정합니다.
❾ [D12] 셀을 클릭하고 [수식] 탭-[함수 라이브러리] 그룹-[자동 합계(∑)]-[숫자 개수]를 클릭합니다.
❿ 셀 범위가 [D5:D11]로 지정된 것을 확인하고 Enter 를 눌러 결과를 확인합니다.

14. 단체 주문 메뉴 확인서

학습목표
- 자동 필터 기능을 이용하여 원하는 데이터를 추출해요.
- 고급 필터 기능을 이용하여 원하는 데이터를 추출해요.

▶ 예제 파일 : 14강 예제 폴더
▶ 완성 파일 : 14강 완성.xlsx

완성작품

단체 주문 메뉴 확인서

학년	반	이름	메뉴	맵기 정도
6	2	김우진	돈가스	보통
6	1	유형석	떡볶이	중간
6	2	최광민	햄버거	보통
6	1	우태식	핫도그	중간
5	2	정희연	돈가스	보통
5	1	강영민	햄버거	보통
5	3	정지연	떡볶이	매움
6	3	김명민	핫도그	매움
6	2	우현희	핫도그	보통
5	1	최정윤	햄버거	보통
5	3	강지철	돈가스	매움
4	2	오유민	핫도그	보통
4	1	주호식	햄버거	보통
4	1	최주은	떡볶이	중간
4	3	오정민	돈가스	보통

학년		메뉴		
5		돈가스		

학년	반	이름	메뉴	맵기 정도
5	2	정희연	돈가스	보통
5	3	강지철	돈가스	매움

미션 1 ─ 데이터를 입력하고 자동 필터를 실행해 보아요.

학년	반	이름	메뉴	맵기 정도
6	2	김우진	돈가스	보통
6	1	유형석	떡볶이	중간
6	2	최광민	햄버거	보통
6	1	우태식	핫도그	중간
5	2	정희연	돈가스	보통
5	1	강영민	햄버거	보통
5	3	정지연	떡볶이	매움
6	3	김명민	핫도그	매움
6	2	우현희	핫도그	보통
5	1	최정윤	햄버거	보통
5	3	강지철	돈가스	매움
4	2	오유민	핫도그	보통
4	1	주호식	햄버거	보통
4	1	최주은	떡볶이	중간
4	3	오정민	돈가스	보통

- 글꼴 : HY헤드라인M
- 크기 : 20

- 글꼴 : 맑은 고딕
- 크기 : 12
- 속성 : 굵게, 가운데 맞춤

- 글꼴 : 맑은 고딕
- 크기 : 11
- 속성 : 가운데 맞춤

① [A]열의 열 너비를 좁게 조절하고 [1]행의 높이를 넓게 조절합니다.

② [B1:F1] 셀을 영역 지정하고 [홈] 탭-[맞춤] 그룹-[병합하고 가운데 맞춤(🔲)]을 클릭합니다.

③ [B1] 셀에 제목을 입력하고 [홈] 탭-[글꼴] 그룹에서 글꼴 서식을 지정합니다.

④ [B3:F18] 셀에 내용을 입력하고 글꼴 서식을 지정합니다.

⑤ [B3:F18] 셀을 영역 지정하고 [홈] 탭-[스타일] 그룹-[표 서식(🔲)]-[황금색, 표 스타일 보통 12]를 클릭합니다.

⑥ 입력된 데이터 영역 안에 셀 포인터를 위치시킨 후 [데이터] 탭-[정렬 및 필터] 그룹-[필터(🔽)]를 클릭합니다.

⑦ 표 항목에 필터 단추(🔽)가 나타나면 '메뉴'의 필터 단추를 클릭하여 '모두 선택'에 체크를 해제하고 '돈가스'에 체크한 후 [확인] 단추를 클릭합니다.

⑧ 메뉴가 '돈가스'인 데이터만 표시되는 것을 확인한 후 [데이터] 탭-[정렬 및 필터] 그룹-[필터(🔽)]를 다시 클릭하여 필터 결과를 삭제합니다.

⑨ [삽입] 탭-[일러스트레이션] 그룹-[그림(🖼)]-[이 디바이스]를 클릭하고 '햄버거.png', '떡볶이.png' 파일을 삽입한 후 크기와 위치를 조절합니다.

미션 2 고급 필터로 원하는 데이터를 추출해 보아요.

	A	B	C	D	E	F	G	H
1				단체 주문 메뉴 확인서				
2								
3		학년	반	이름	메뉴	맵기 정도		
4		6	2	김우진	돈가스	보통		
5		6	1	유형석	떡볶이	중간		
6		6	2	최광민	햄버거	보통		
7		6	1	우태식	핫도그	중간		
8		5	2	정희연	돈가스	보통		
9		5	1	강영민	햄버거	보통		
10		5	3	정지연	떡볶이	매움		
11		6	3	김명민	핫도그	매움		
12		6	2	우현희	핫도그	보통		
13		5	1	최정윤	햄버거	보통		
14		5	3	강지철	돈가스	매움		
15		4	2	오유민	핫도그	보통		
16		4	1	주호식	햄버거	보통		
17		4	1	최주은	떡볶이	중간		
18		4	3	오정민	돈가스	보통		
19								
20		학년	메뉴					
21		5	돈가스					
22								
23		학년	반	이름	메뉴	맵기 정도		
24		5	2	정희연	돈가스	보통		
25		5	3	강지철	돈가스	매움		

❶ [B3] 셀을 선택하고 Ctrl 을 누른 상태로 [E3] 셀을 선택한 후 Ctrl + C 를 눌러 복사합니다.

❷ [B20] 셀을 선택하고 Ctrl + V 를 눌러 추출할 데이터를 붙여 넣습니다.

❸ [B21] 셀에는 "5", [C21] 셀에는 "돈가스"를 각각 입력합니다.

❹ [B3:F3] 셀을 영역 지정하고 Ctrl + C 를 눌러 복사한 후 [B23] 셀을 클릭하고 Ctrl + V 를 눌러 데이터를 붙여 넣습니다.

❺ [데이터] 탭-[정렬 및 필터] 그룹-[고급]을 클릭하여 [고급 필터] 대화상자가 나타나면 [결과]-[다른 장소에 복사]를 클릭합니다.

❻ [목록 범위]에 [B3:F18] 셀, [조건 범위]에 [B20:C21] 셀을 드래그하여 선택합니다.

❼ [복사 위치]에 [B23:F23] 셀을 선택하고 [확인] 단추를 클릭하여 해당 데이터가 추출되는 것을 확인합니다.

14   혼자 할 수 있어요!

• 완성 파일 : 14강 미션 완성.xlsx

01 전국 어린이 그림 그리기 대회에서 응시부문이 '수채화'이면서 총점이 '300'점 이상인 데이터를 고급 필터를 이용하여 추출해 보세요.

번호	이름	응시부문	이해도	표현력	창작력	완성도	총점
			전국 어린이 그림 그리기 대회				
1	박윤상	상상화	90	78	74	84	326
2	박재현	수채화	85	80	56	78	299
3	양예지	포스터	87	83	59	65	294
4	이성현	포스터	85	58	56	65	264
5	이소연	수채화	90	68	78	78	314
6	정하윤	상상화	86	75	98	79	338
7	김미나	상상화	81	84	89	85	339
8	김미주	포스터	93	87	96	96	372
9	박성훈	수채화	79	76	78	76	309
10	한가람	수채화	80	85	78	98	341

- 글꼴 : HY헤드라인M
- 크기 : 20

응시부문	총점
수채화	>=300

- 글꼴 : 맑은 고딕
- 크기 : 12
- 속성 : 굵게, 가운데 맞춤

번호	이름	응시부문	이해도	표현력	창작력	완성도	총점
5	이소연	수채화	90	68	78	78	314
9	박성훈	수채화	79	76	78	76	309
10	한가람	수채화	80	85	78	98	341

Hint

❶ [A]열의 열 너비를 좁게 조절합니다.
❷ [B2:I12] 셀을 영역 지정하고 [홈] 탭-[맞춤] 그룹-[병합하고 가운데 맞춤(🔲)]을 클릭합니다.
❸ [B2] 셀에 제목을 입력하고 [홈] 탭-[글꼴] 그룹에서 글꼴 서식을 지정합니다.
❹ [B4:I14] 셀을 영역 지정하고 [홈] 탭-[스타일] 그룹-[표 서식(🔲)]-[녹색, 표 스타일 보통 14]를 클릭합니다.
❺ [D4] 셀을 클릭하고 Ctrl 을 누른 상태로 [I4] 셀을 클릭한 후 Ctrl + C 를 눌러 복사합니다.
❻ [C16] 셀을 선택하고 Ctrl + V 를 눌러 데이터를 붙여 넣습니다.
❼ [C17] 셀에는 "수채화", [D17] 셀에는 ">=300"을 각각 입력합니다.
❽ [B4:I4] 셀을 영역 지정하고 Ctrl + C 를 눌러 복사한 후 [B19] 셀을 선택하고 Ctrl + V 를 눌러 데이터를 붙여 넣습니다.
❾ [데이터] 탭-[정렬 및 필터] 그룹-[고급(🔲)]을 클릭하여 [고급 필터] 대화상자가 나타나면 [결과]-[다른 장소에 복사]를 클릭합니다.
❿ [목록 범위]에 [B4:I14] 셀, [조건 범위]에 [C16:D17] 셀, [복사 위치]에 [B19:I19] 셀을 드래그하여 선택하고 [확인] 단추를 클릭합니다.

15 매크로 그림판 만들기

학습목표

- 도형을 이용하여 버튼을 만들어요.
- 매크로를 기록하고 연결해요.
- 픽셀아트 그림을 그려 저장해요.

▶ 완성 파일 : 15강 완성.xltm

완성작품

 **도형을 이용하여 버튼을 만들어 보아요.**

① 셀 왼쪽 상단의 ◢을 클릭하여 셀을 전체 선택하고 열의 너비를 조절하여 정사각형의 셀을 만듭니다.

② [삽입] 탭-[일러스트레이션] 그룹-[도형(○)]-[사각형: 빗면(▢)] 도형을 [A1:G3] 셀 영역에 삽입합니다.

③ '사각형: 빗면' 도형을 선택하고 "지우기"를 입력한 후 [도형 서식] 탭-[도형 스타일] 그룹-[색 채우기 - 주황, 강조 2]를 클릭합니다.

④ '사각형: 빗면' 도형을 선택하고 [홈] 탭-[맞춤] 그룹-[가로 가운데 맞춤(≡)], [세로 가운데 맞춤(≡)]을 각각 클릭한 후 글꼴 서식을 지정합니다.

⑤ 같은 방법으로 [H1:N3], [O1:U3], [V1:AB3] 셀 영역에 '노랑', '파랑', '초록' 버튼을 만듭니다.

미션 2 매크로를 기록해 보아요.

① '지우기' 도형을 선택하고 [보기] 탭-[매크로] 그룹-[매크로 기록(🔘)]을 클릭한 후 [매크로 기록] 대화상자가 나타나면 매크로 이름을 "지우기"로 입력하고 [확인] 단추를 클릭합니다.

② 셀 왼쪽 상단의 ◢을 클릭하여 셀을 전체 선택하고 [홈] 탭-[글꼴] 그룹-[채우기 색]-[채우기 없음]을 클릭한 후 [보기] 탭-[매크로] 그룹-[기록 중지(⬜)]를 클릭합니다.

③ '노랑' 도형을 선택하고 [보기] 탭-[매크로] 그룹-[매크로 기록(🔘)]을 클릭한 후 [매크로 기록] 대화상자가 나타나면 매크로 이름을 "노랑"으로 입력하고 [확인] 단추를 클릭합니다.

④ 셀 왼쪽 상단의 ◢을 클릭하여 셀을 전체 선택하고 [홈] 탭-[글꼴] 그룹-[채우기 색]-[황금색, 강조 4]를 클릭한 후 [보기] 탭-[매크로] 그룹-[기록 중지(⬜)]를 클릭합니다.

⑤ '파랑' 도형을 선택하고 [보기] 탭-[매크로] 그룹-[매크로 기록(🔘)]을 클릭한 후 [매크로 기록] 대화상자가 나타나면 매크로 이름을 "파랑"으로 입력하고 [확인] 단추를 클릭합니다.

⑥ 셀 왼쪽 상단의 ◢을 클릭하여 셀을 전체 선택하고 [홈] 탭-[글꼴] 그룹-[채우기 색]-[파랑, 강조 5]을 클릭한 후 [보기] 탭-[매크로] 그룹-[기록 중지(⬜)]를 클릭합니다.

⑦ '초록' 도형을 선택하고 [보기] 탭-[매크로] 그룹-[매크로 기록(🔘)]을 클릭한 후 [매크로 기록] 대화상자가 나타나면 매크로 이름을 "초록"으로 입력하고 [확인] 단추를 클릭합니다.

⑧ 셀 왼쪽 상단의 ◢을 클릭하여 셀을 전체 선택하고 [홈] 탭-[글꼴] 그룹-[채우기 색]-[녹색, 강조 6]을 클릭한 후 [보기] 탭-[매크로] 그룹-[기록 중지(⬜)]를 클릭합니다.

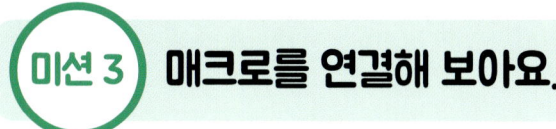
미션 3 매크로를 연결해 보아요.

① '지우기' 도형을 선택하고 마우스 오른쪽 단추를 클릭한 후 [매크로 지정]을 클릭합니다.

② [매크로 지정] 대화상자가 나타나면 '지우기'를 선택하고 [확인] 단추를 클릭합니다.

③ '노랑' 도형을 선택하고 마우스 오른쪽 단추를 클릭한 후 [매크로 지정]을 클릭합니다.

④ [매크로 지정] 대화상자가 나타나면 '노랑'을 선택하고 [확인] 단추를 클릭합니다.

⑤ '파랑' 도형을 선택하고 마우스 오른쪽 단추를 클릭한 후 [매크로 지정]을 클릭합니다.

⑥ [매크로 지정] 대화상자가 나타나면 '파랑'을 선택하고 [확인] 단추를 클릭합니다.

⑦ '초록' 도형을 선택하고 마우스 오른쪽 단추를 클릭한 후 [매크로 지정]을 클릭합니다.

⑧ [매크로 지정] 대화상자가 나타나면 '초록'을 선택하고 [확인] 단추를 클릭합니다.

⑨ 각 도형을 클릭하여 도형을 클릭할 때마다 셀 배경의 색상이 변경되는지 확인합니다.

미션 4 픽셀아트 그림을 그려 보아요.

1. [삽입] 탭-[텍스트] 그룹-[WordArt]-[채우기: 검정, 텍스트 색 1, 윤곽선: 흰색, 배경색 1, 진한 그림자: 파랑, 강조색 5]를 클릭하고 "픽셀아트 그림그리기"를 입력한 후 글꼴 서식을 지정합니다.

2. '지우기', '노랑', '파랑', '초록' 도형 중 원하는 도형을 클릭하여 배경색을 지정합니다.

3. [홈] 탭-[글꼴] 그룹-[채우기 색]에서 원하는 색으로 셀을 채워 캐릭터를 그립니다.

4. [파일] 탭-[다른 이름으로 저장]-[찾아보기]를 클릭하여 [다른 이름으로 저장] 대화상자가 나타나면 파일 형식을 'Excel 매크로 사용 통합 문서(*.xlsm)'로 지정한 후 저장합니다.

> **Tip** 셀에 픽셀아트로 그림을 그린 후 매크로가 지정되어 있는 도형을 클릭하면 그림이 사라져요.

15   혼자 할 수 있어요!

• 완성 파일 : 15강 미션 완성.xltm

01 매크로 기능을 이용하여 도형을 클릭하면 해당 신호등이 켜지도록 만들어 보세요.

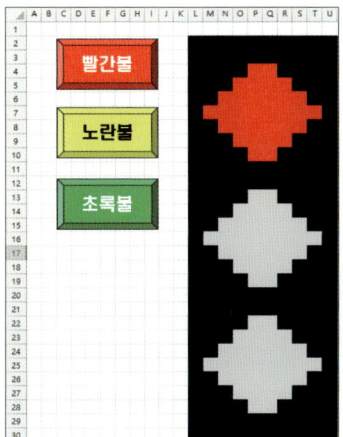 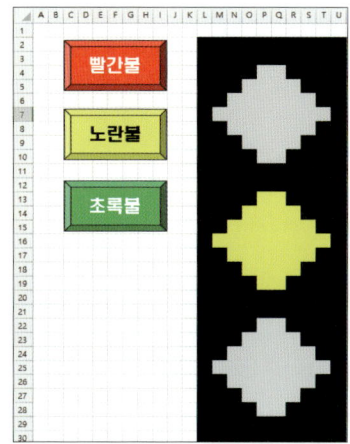 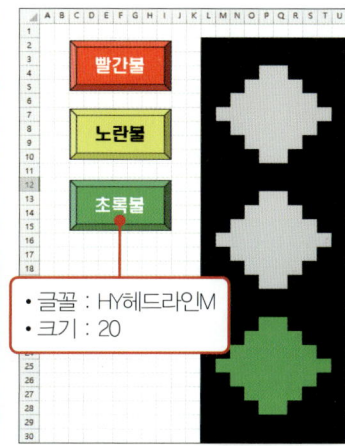

• 글꼴 : HY헤드라인M
• 크기 : 20

Hint

❶ 셀 왼쪽 상단의 ◢을 클릭하여 셀을 전체 선택하고 열의 너비를 좁게 조절합니다.
❷ [삽입] 탭–[일러스트레이션] 그룹–[도형(◯)]–[사각형: 빗면(▭)] 도형을 삽입하여 버튼을 만들고 글꼴 서식을 지정합니다.
❸ [홈] 탭–[글꼴] 그룹–[채우기 색]을 이용하여 셀에 색을 채워 '회색 신호등'을 그립니다.
❹ '빨간불' 도형을 선택하고 [보기] 탭–[매크로] 그룹–[매크로 기록(◉)]을 클릭하여 매크로 이름을 "빨간불"로 입력하고 [확인] 단추를 클릭합니다.
❺ [홈] 탭–[글꼴] 그룹–[채우기 색]을 이용하여 셀에 색을 채워 '빨간불 신호등'을 그리고 [보기] 탭–[매크로] 그룹–[기록 중지(▭)]를 클릭합니다.
❻ ❹~❺와 같은 방법으로 '노란불', '초록불' 도형에도 매크로를 기록합니다.
❼ '빨간불' 도형을 선택하고 마우스 오른쪽 단추를 클릭하여 [매크로 지정]을 클릭합니다.
❽ [매크로 지정] 대화상자가 나타나면 '빨간불'을 선택하고 [확인] 단추를 클릭합니다.
❾ ❼~❽과 같은 방법으로 '노란불', '초록불' 도형에도 매크로를 연결합니다.
❿ 각 도형을 클릭하여 해당 신호등이 켜지는지 확인합니다.
⓫ [파일] 탭–[다른 이름으로 저장]–[찾아보기]를 클릭하고 파일 형식을 'Excel 매크로 사용 통합 문서(*.xlsm)'로 지정한 후 저장합니다.

16 산타 할아버지 선물 준비 현황

학 습 목 표

- 데이터를 입력해요.
- 피벗 테이블을 만들어요.
- 피벗 테이블에서 필요한 항목만 필터링해요.

▶ 완성 파일 : 16강 완성.xlsx

완성작품

 **데이터를 입력해 보아요.**

	A	B	C	D	E	F	G	H
1			산타 할아버지 선물 준비 현황					
2								
3								
4		지역	아동수	선물이름	준비개수			
5		서울	2명	자전거	2개			
6		인천	1명	인라인스케이트	1개			
7		부산	1명	장갑	1개			
8		광주	4명	컴퓨터	4개			
9		대구	2명	헤드셋	2개			
10		경남	1명	마우스	1개			
11		경기	4명	자전거	4개			
12		전라도	5명	닌텐도	5개			
13		강원도	2명	닌텐도	2개			
14		충청도	6명	컴퓨터	6개			
15		대전	2명	자전거	2개			
16		울산	7명	인라인스케이트	7개			
17		세종	2명	마우스	2개			
18		경남	3명	컴퓨터	3개			
19		서울	5명	닌텐도	5개			
20		인천	2명	장갑	2개			
21		부산	10명	인형	10개			
22		부산	2명	컴퓨터	2개			
23		전라도	5명	인라인스케이트	5개			
24		충청도	3명	닌텐도	3개			
25		대전	2명	컴퓨터	2개			
26		울산	1명	헤드셋	1개			
27		울산	5명	마우스	5개			
28		세종	2명	헤드셋	2개			
29		광주	2명	컴퓨터	2개			

- 글꼴 : HY헤드라인M
- 크기 : 18

- 글꼴 : 휴먼매직체
- 크기 : 14
- 속성 : 굵게, 가운데 맞춤

- 글꼴 : HY얕은샘물M
- 크기 : 12
- 속성 : 가운데 맞춤

① [B1:E2] 셀을 영역 지정하고 [홈] 탭–[맞춤] 그룹–[병합하고 가운데 맞춤(圉)]을 클릭합니다.

② 데이터를 입력하고 글꼴 서식, 테두리 서식, 채우기 서식을 자유롭게 지정합니다.

③ [C5:C29] 셀을 영역 지정하고 [홈] 탭–[표시 형식] 그룹–[기타 표시 형식]을 클릭하여 [셀 서식] 대화상자가 나타나면 [표시 형식] 탭–[범주] 그룹–[사용자 지정]–[형식]에 "G/표준"명""을 입력하고 [확인] 단추를 클릭합니다.

④ [E5:E29] 셀을 영역 지정하고 [홈] 탭–[표시 형식] 그룹–[기타 표시 형식]을 클릭하여 [셀 서식] 대화상자가 나타나면 [표시 형식] 탭–[범주] 그룹–[사용자 지정]–[형식]에 "G/표준"개""를 입력하고 [확인] 단추를 클릭합니다.

미션 2) 피벗 테이블을 만들어 보아요.

❶ [B4:E29] 셀을 영역 지정하고 [삽입] 탭–[표] 그룹–[피벗 테이블(📊)]을 클릭하여 [표 또는 범위의 피벗 테이블] 대화상자가 나타나면 '기존 워크시트'를 클릭하고 위치를 [G2] 셀로 선택한 후 [확인] 단추를 클릭합니다.

❷ [피벗 테이블 필드] 창의 필드를 각각 드래그하여 [필터] 영역에 '지역', [행] 영역에 '선물이름', [값] 영역에 '아동수', '준비개수'를 끌어다 놓습니다.

❸ [G]와 [H]열 사이와 [H]와 [I]열 사이의 선을 더블클릭하여 열 너비를 자동으로 맞춥니다.

❹ [G1] 셀을 선택하고 [홈] 탭–[스타일] 그룹–[표 서식(📋)]–[진한 파랑, 피벗 스타일 어둡게 6]을 클릭합니다.

 **피벗 테이블의 '서울' 항목만 필터링해 보아요.**

지역	(모두)	
행 레이블	합계 : 아동수	합계 : 준비개수
닌텐도	15	15
마우스	8	8
인라인스케이트	13	13
인형	10	10
자전거	8	8
장갑	3	3
컴퓨터	19	19
헤드셋	5	5
총합계	81	81

지역	서울	
행 레이블	합계 : 아동수	합계 : 준비개수
닌텐도	5	5
자전거	2	2
총합계	7	7

❶ 보고서 필터인 '지역'의 목록 단추(▼)를 클릭하여 '서울'을 선택한 후 [확인] 단추를 클릭합니다.

❷ 피벗 테이블을 선택하고 [피벗 테이블 분석] 탭-[피벗 테이블] 그룹-[옵션(📊)]-[옵션]을 클릭하여 [피벗 테이블 옵션] 대화상자가 나타나면 [레이블이 있는 셀 병합 및 가운데 맞춤]에 체크한 후 [확인] 단추를 클릭합니다.

❸ 피벗 테이블의 결과를 확인합니다.

16 혼자 할 수 있어요!

• 완성 파일 : 16강 미션 완성.xlsx

01 피벗 테이블을 이용하여 장난감 판매 현황표를 완성해 보세요.

장난감 판매 현황

분류	상품	단가	판매량	판매금액
디즈니완구	덤보 봉제인형	48,000	630	30,240,000
디즈니완구	버즈 라이트	55,000	420	23,100,000
로봇	액실리온	12,000	700	8,400,000
브랜드완구	디오라마세트	36,000	260	9,360,000
작동완구	뮤직회전 동물원	48,000	330	15,840,000
작동완구	피자놀이 세트	22,000	710	15,620,000
작동완구	기타 4줄 악기 놀이	16,000	550	8,800,000
로봇	아기공룡 디노	52,500	550	28,875,000
브랜드완구	MAN 소방차	77,000	400	30,800,000
디즈니완구	말하는 스파이더맨	75,000	540	40,500,000

- 글꼴 : HY헤드라인M
- 크기 : 28

- 글꼴 : 맑은 고딕
- 크기 : 11
- 속성 : 가운데 맞춤

분류	작동완구	
상품	평균 : 단가	합계 : 판매량
기타 4줄 악기 놀이	16,000	550
뮤직회전 동물원	48,000	330
피자놀이 세트	22,000	710
총합계	28,667	1,590

Hint

❶ [B1:F1] 셀을 영역 지정하고 [병합하고 가운데 맞춤]을 클릭한 후 제목을 입력하고 글꼴 서식을 지정합니다.
❷ [B3:F13] 셀에 내용을 입력하고 글꼴 서식, 테두리 서식, 채우기 서식을 지정한 후 열 너비와 행 높이를 조절합니다.
❸ [B3:F13] 셀을 영역 지정하고 [삽입] 탭-[표] 그룹-[피벗 테이블]을 클릭한 후 [표 또는 범위의 피벗 테이블] 대화상자가 나타나면 [확인] 단추를 클릭합니다.
❹ [피벗 테이블 필드] 창에서 '분류'는 [필터] 영역, '상품'은 [행] 영역, '단가'와 '판매량'은 [값] 영역으로 드래그한 후 '합계 : 단가'를 '평균'으로 변경합니다.
❺ '분류'의 목록 단추를 클릭한 후 '작동완구'를 선택하고 [확인] 단추를 클릭합니다.
❻ '행 레이블'을 '상품'으로 변경한 후 [디자인] 탭-[피벗 테이블 스타일] 그룹-[진한 노랑, 피벗 스타일 어둡게 5]를 선택합니다.
❼ [피벗 테이블 분석] 탭-[피벗 테이블] 그룹-[옵션]-[옵션]을 클릭한 후 '레이블이 있는 셀 병합 및 가운데 맞춤'을 클릭하고 [확인] 단추를 클릭합니다.
❽ [B4:C7] 영역을 블록 지정한 후 [홈] 탭-[표시 형식]-[쉼표 스타일]을 클릭합니다.

01  솜씨 어때요?

- 예제 파일 : 솜씨 01 예제 폴더
- 완성 파일 : 솜씨 어때요 01 완성.hwpx

01 한글 프로그램에서 글맵시를 이용하여 그림과 같은 신년 카드를 완성해 보세요.

- 글꼴 : HY수평선B
- 크기 : 67pt
- 속성 : 가운데 정렬

글맵시
- 글꼴 : HY울릉도M
- 글맵시 모양 : 위쪽 원호(⌒)

Hint

❶ [쪽] 탭-[편집 용지]를 클릭하여 용지 방향과 용지 여백을 지정합니다.
❷ [쪽] 탭-[쪽 테두리/배경]을 클릭하여 테두리 서식을 지정하고 그림을 불러와 배경을 적용합니다.
❸ [입력] 탭-[글맵시 목록 단추]를 클릭하여 글맵시 스타일을 선택한 후 내용을 입력하고 글맵시 모양을 지정합니다.
❹ [입력] 탭-[그림]을 클릭하여 '캐릭터.png' 파일을 삽입하고 크기와 위치를 조절합니다.

- 예제 파일 : 솜씨 02 예제 폴더
- 완성 파일 : 솜씨 어때요 02 완성.hwpx

01 한글 프로그램에서 쪽 테두리/배경을 이용하여 그림과 같은 편지지를 완성해 보세요.

Hint

❶ [쪽] 탭-[편집 용지(📄)]를 클릭하여 용지 여백을 지정합니다.
❷ [쪽] 탭-[쪽 테두리/배경(🖼)]-[배경] 탭에서 그림을 불러와 배경을 적용합니다.
❸ [입력] 탭-[직선(＼)] 도형을 삽입하고 도형 윤곽선 서식을 지정합니다.
❹ [입력] 탭-[그림(🖼)]을 클릭하여 '벌01'~'벌05' 파일을 삽입하고 크기와 위치를 조절합니다.
❺ 그림을 선택하고 [그림(🖼)] 탭-[그림 효과]에서 '벌01'~'벌05' 그림에 다양한 그림 효과를 적용합니다.

03  솜씨 어때요?

• 예제 파일 : 솜씨 03 예제 폴더
• 완성 파일 : 솜씨 어때요 03 완성.hwpx

01 한글 프로그램에서 표를 활용하여 그림과 같은 편지 봉투를 완성해 보세요.

Hint

❶ [쪽] 탭-[편집 용지(📄)]를 클릭하여 용지 방향과 용지 여백을 지정합니다.
❷ [입력] 탭-[표(🏛)]를 클릭하여 줄 개수 '4', 칸 개수 '3'의 표를 삽입합니다.
❸ 셀의 크기를 조절하고 풀칠할 셀을 마우스 오른쪽 단추로 클릭한 후 [셀 테두리/배경]-[각 셀마다 적용]을 클릭하여 무늬 색, 무늬 모양을 지정합니다.
❹ 그림을 삽입할 셀을 마우스 오른쪽 단추로 클릭하고 [셀 테두리/배경]-[각 셀마다 적용]을 클릭하고 '배경.jpg' 파일을 삽입합니다.
❺ [색 골라내기(🖌)] 도구를 활용하여 나머지 셀의 배경색을 '배경' 그림과 어울리게 지정합니다.
❻ [입력] 탭-[그림(🖼)]을 클릭하여 '벌.png', '꽃.png', '하트01.png', '하트02.png' 파일을 삽입하고 크기와 위치를 조절합니다.

04   솜씨 어때요?

• 예제 파일 : 솜씨 04 예제 폴더
• 완성 파일 : 솜씨 어때요 04 완성.pptx

01 파워포인트 프로그램에서 도형과 워드아트를 이용하여 그림과 같은 방문걸이를 완성해 보세요.

• 글꼴 : HY헤드라인M
• 크기 : 115, 88
• 속성 : 텍스트 그림자

• 글꼴 : HY헤드라인M
• 크기 : 36
• 텍스트 효과 : 변환 - 원호: 아래쪽

Hint
1. [홈] 탭-[슬라이드] 그룹-[레이아웃(□)]-[빈 화면] 슬라이드를 적용합니다.
2. [삽입] 탭-[일러스트레이션] 그룹-[도형(○)]-[타원(○)] 도형을 삽입하고 도형 채우기, 도형 윤곽선 서식을 지정합니다.
3. [삽입] 탭-[이미지] 그룹-[그림(□)]-[이 디바이스]를 클릭하여 그림을 삽입하고 크기와 위치를 조절합니다.
4. [삽입] 탭-[일러스트레이션] 그룹-[도형(○)]-[타원(○)] 도형을 삽입한 후 [도형 채우기]-[채우기 없음]을 지정하고 도형 윤곽선 서식을 지정합니다.
5. [삽입] 탭-[텍스트] 그룹-[텍스트 상자(가)]를 클릭하여 내용을 입력하고 글꼴 서식을 지정합니다.
6. [도형 서식] 탭-[WordArt 스타일] 그룹-[텍스트 효과]에서 텍스트 효과를 지정합니다.

  솜씨 어때요?

• 예제 파일 : 솜씨 05 예제 폴더
• 완성 파일 : 솜씨 어때요 05 완성.pptx

01 파워포인트 프로그램에서 애니메이션 효과를 이용하여 그림과 같은 작품을 완성해 보세요.

효과 옵션
• 시작 : 이전 효과와 함께
• 재생 시간 : 5초(매우 느리게)
• 반복 : 슬라이드가 끝날 때까지

Hint

❶ [홈] 탭–[슬라이드] 그룹–[레이아웃(□)]–[빈 화면] 슬라이드를 적용합니다.
❷ [디자인] 탭–[사용자 지정] 그룹–[배경 서식(🎨)]을 클릭하고 [채우기] 탭–[그림 또는 질감 채우기]를 클릭한 후 '배경.jpg' 파일을 삽입합니다.
❸ [삽입] 탭–[이미지] 그룹–[그림(🖼)]–[이 디바이스]를 클릭하여 '나비01'~'나비03' 파일을 삽입한 후 크기와 위치를 조절합니다.
❹ '나비01'~'나비03' 그림을 각각 선택하고 [삽입] 탭–[링크] 그룹–[실행(⭐)]을 클릭하고 마우스에 닿으면 슬라이드 쇼가 종료되도록 설정합니다.
❺ [애니메이션] 탭–[애니메이션] 그룹–[이동 경로]–[사용자 지정 경로]를 클릭하고 '나비01'~'나비03'의 이동 경로를 그립니다.
❻ [애니메이션] 탭–[고급 애니메이션] 그룹–[애니메이션 창]을 클릭하고 첫 번째 애니메이션을 마우스 오른쪽 단추로 클릭한 후 [효과 옵션]을 클릭합니다.
❼ [타이밍] 탭에서 효과 옵션을 지정합니다.
❽ 나머지 애니메이션에도 효과 옵션을 적용합니다.

06   솜씨 어때요?

• 예제 파일 : 솜씨 06 예제 폴더
• 완성 파일 : 솜씨 어때요 06 완성.pptx

01 파워포인트 프로그램에서 소리를 삽입하여 그림과 같은 작품을 완성해 보세요.

- 글꼴 : HY헤드라인M
- 크기 : 66

Hint

❶ [홈] 탭-[슬라이드] 그룹-[레이아웃]-[빈 화면] 슬라이드를 적용합니다.
❷ [디자인] 탭-[사용자 지정] 그룹-[배경 서식]을 클릭하고 [채우기] 탭-[그림 또는 질감 채우기]에서 '배경.jpg' 파일을 삽입합니다.
❸ [삽입] 탭-[텍스트] 그룹-[WordArt]를 클릭하고 원하는 워드아트 스타일을 선택합니다.
❹ 워드아트 개체가 삽입되면 내용을 입력하고 글꼴 서식을 지정한 후 위치를 조절합니다.
❺ [삽입] 탭-[미디어] 그룹-[오디오]-[내 PC의 오디오]를 클릭하여 '배경음악.mp3' 파일을 불러온 후 [재생] 탭-[오디오 옵션] 그룹에서 슬라이드 쇼가 시작되면 자동 실행되고 반복해서 재생되도록 설정합니다.
❻ [삽입] 탭-[이미지] 그룹-[그림]-[이 디바이스]를 클릭하여 동물 그림을 삽입하고 크기와 위치를 조절합니다.
❼ 각각의 동물 그림을 선택하고 [삽입] 탭-[링크] 그룹-[실행]을 클릭한 후 [마우스를 클릭할 때] 탭-[소리 재생]-[다른 소리...]를 클릭하여 각 동물에 해당하는 소리 파일을 불러옵니다.

07   솜씨 어때요?

• 예제 파일 : 솜씨 07 예제 폴더
• 완성 파일 : 솜씨 어때요 07 완성.xlsx

01 엑셀 프로그램에서 예제 파일을 불러와 함수를 이용하여 그림과 같은 수학 문제지를 완성해 보세요.

수식으로 문제를 풀어요.
• 글꼴 : HY견고딕
• 크기 : 18

1. 두 과목의 평균을 구하세요.
• 글꼴 : 맑은 고딕
• 크기 : 12
• 속성 : 굵게, 가운데 맞춤

국어	영어	평균
85	92	88.5

2. 과일의 총 개수를 구하세요.

사과	배	수박	합계
2,385	3,895	2,482	8,762

3. 다음 값 중 가장 큰 값을 찾으세요.

숫자1	숫자2	숫자3	숫자4	숫자5	숫자6	숫자7	숫자8	숫자9	숫자10	최대값
523	156	256	489	526	845	215	435	854	259	854

4. 다음 값 중 가장 작은 값을 찾으세요.

숫자1	숫자2	숫자3	숫자4	숫자5	숫자6	숫자7	숫자8	숫자9	숫자10	최소값
523	156	256	489	526	845	215	435	854	259	156

Hint

❶ '솜씨 07 예제.xlsx' 파일을 실행하고 [B1:L2] 셀을 영역 지정한 후 [홈] 탭-[맞춤] 그룹-[병합하고 가운데 맞춤(圐)]을 클릭하고 글꼴 서식을 지정합니다.
❷ [B6:D7] 셀을 영역 지정하고 [홈] 탭-[글꼴] 그룹에서 테두리 서식을 지정합니다.
❸ [B6:D6] 셀을 영역 지정하고 [홈] 탭-[글꼴] 그룹에서 테두리 서식과 채우기 서식을 지정합니다.
❹ 같은 방법으로 나머지 셀도 테두리 서식과 채우기 서식을 지정합니다.
❺ [D7] 셀을 선택하고 [수식] 탭-[함수 라이브러리] 그룹-[자동 합계(∑)]-[평균]을 클릭하여 두 과목의 평균을 구합니다.
❻ [E12] 셀을 선택하고 [수식] 탭-[함수 라이브러리] 그룹-[자동 합계(∑)]-[합계]를 클릭하여 과일의 총 개수를 구합니다.
❼ [L17] 셀을 선택하고 [수식] 탭-[함수 라이브러리] 그룹-[자동 합계(∑)]-[최대값]을 클릭하여 가장 큰 값을 구합니다.
❽ [L22] 셀을 선택하고 [수식] 탭-[함수 라이브러리] 그룹-[자동 합계(∑)]-[최소값]을 클릭하여 가장 작은 값을 구합니다.

솜씨 어때요?

• 예제 파일 : 솜씨 08 예제 폴더
• 완성 파일 : 솜씨 어때요 08 완성.xltm

01 엑셀 프로그램에서 예제 파일을 불러와 매크로 기능을 이용하여 그림과 같이 방을 꾸며 보세요.

Hint

❶ '솜씨 08 예제.xlsx' 파일을 실행하고 Shift 를 누른 상태로 가구 그림을 각각 클릭하여 선택합니다.
❷ 마우스 오른쪽 단추를 클릭한 후 [잘라내기]를 클릭합니다.
❸ '가구 추가' 도형을 선택하고 [보기] 탭-[매크로] 그룹-[매크로 기록( )]을 클릭한 후 매크로 이름을 "가구추가"로 지정합니다.
❹ [P2] 셀을 선택하고 Ctrl + V 를 눌러 잘라내기 한 가구 그림을 붙여 넣은 후 [보기] 탭-[매크로] 그룹-[기록 중지( )]를 클릭합니다.
❺ '가구 추가' 도형을 선택하고 마우스 오른쪽 단추를 클릭한 후 [매크로 지정]을 클릭합니다.
❻ [매크로 지정] 대화상자에서 앞서 기록한 '가구 추가'를 선택하고 [확인] 단추를 클릭합니다.
❼ 가구를 드래그하여 방을 꾸미고 '가구 추가' 도형을 클릭하여 부족한 가구를 추가해 봅니다.

초등 전과목
디지털학습 플랫폼

디지털 초코

첫 달 100원
무제한 스터디밍

지금 신규 가입하면
첫 달 ~~9,500원~~ → 100원!

초등 전과목
교과 학습

AI 문해력
강화 솔루션

AI 수학 실력
향상 프로그램

웹툰으로 만나는
학습 만화

초중고 교과서 발행 부수 1위 기업 MiraeN